U0568822

中国哲学新思丛书

主编　梁涛

# 范仲淹与宋学精神

李存山　著

中国人民大学出版社
·北京·

# 总　序

本套丛书名为“中国哲学新思丛书”，意在反映中国哲学的前沿问题和最新成果。作为丛书的主编，本套丛书自然包含了我的一些想法和思考。

2008 年完成思孟学派的研究后，我的研究转向了荀子。孟子、荀子乃战国儒学的双峰，但二人的地位和影响却大相径庭。按照传统的说法，孟子经子思、曾子而接续孔子，传尧、舜、禹、汤、文、武、周公以来之道统，而荀子则偏离了这一儒学正统。但我在研究郭店竹简子思遗籍时，注意到子思的思想不仅影响到孟子，而且为荀子所继承，从孔子经子思到孟子、荀子，实际是儒学内部分化的过程。分化固然使儒学的某些方面得到深化，但也使儒学原本丰富的面向变得狭窄。所以，立足儒学的发展与重建，就不应在孟子、荀子谁是正统的问题上争来争去，而应统合孟荀，重建更合理、更符合时代要求的儒学体系。所以，在完成、出版《郭店竹简与思孟学派》一书后，我自然开始关注起荀子的研究。由于这个缘故，本套丛书中有两部关于荀学的著作，分别为唐端正先生的《荀学探微》和刘又铭先生的《一个当代的、大众的儒学——当代新荀学论纲》，这既有我个人的考虑，也说明荀学已成为中国哲学研究中的“显学”。

唐端正先生曾任教于香港中文大学，为唐君毅先生的学生，《荀学探微》所收录的文章多发表于20世纪七八十年代。经过近半个世纪的洗礼，这些成果不仅没有失去学术价值，反而益发显示出其重要性。由于唐先生的文章多发表于香港、台湾的杂志上，内地（大陆）读者检索不易，故我征得唐先生的同意后，将其有关荀学的论述整理成册，再次推荐、介绍给读者。我在梳理前人的荀学研究中，注意到港台地区的荀学研究似乎存在两条线索：一条以牟宗三先生的《荀学大略》为代表，认为荀子代表了儒家的客观精神，但存在“大本不正”“大源不足”的问题，其价值在于可以弥补孟子思想之不足。这一看法在劳思光的《新编中国哲学史》、韦政通的《荀子与古代哲学》、蔡仁厚的《孔孟荀哲学》中得到进一步阐发，其最新论述可以台湾政治大学何淑静女士的《孟荀道德实践理论之研究》《荀子再探》为代表。作为牟先生的弟子，何教授在整体继承牟先生观点的基础上，在一些具体问题上有所深化。这条线索影响较大，代表了港台地区荀学研究的主流，故可称之为主线。另一条则以唐君毅先生为代表，不同于牟先生对荀子的贬斥，唐先生认为荀子言性恶，乃是针对道德文化理想而言，是用道德文化理想转化现实之人性，“荀子之所认识者，实较孟子为深切”。唐端正先生则注意到，《荀子·性恶篇》的主题，不只是性恶，还提到善伪。“我们与其说荀子是性恶论者，不如说他是善伪论者。”针对牟先生将荀子的心仅仅理解为认知心，唐端正先生则强调，荀子的心实际具有好善、知善、行善的功能，绝非能简单用认知心来概括。两位唐先生所代表的这条线索，影响虽然无法与前者相比，只能算是辅线，但在我看来，实际更值得关注。近些年我借助出土材料，提出荀子的人性主张实际是性恶心善说，即是对唐端正先生观点的进一步推进。我甚至认为，不断摆脱牟先生所代表的主线的影响，而对两位唐先生所代表的辅线做出继承和发展，可能是今后荀学研究的一个方向。这也是我向学界推荐、介绍唐端正先生旧作的原因和用心所在。

刘又铭教授是我研究荀子的同道，也是相识多年的朋友。又铭兄在重孟轻荀的台湾学术界首次提出“新荀学”的主张，一石激起千层浪，引起极大反响。对于又铭兄的观点，我也有一个接受、认识的过程。又铭兄曾在《从“蕴谓”论荀子哲学潜在的性善观》一文中提出，“就深层义蕴而言，荀子的人性论其实仍可归为某一种（异于孟子）类型的性善观”。对此我曾不以为然，批评其没有摆脱传统认识的窠臼，仍是以性善为标准来评判荀子，为此不惜让荀子屈从于性善。现在看来，我之前的认识有误，又铭兄的努力是值得重视和肯定的。我近年提出荀子是性恶心善论者，虽不能说是受又铭兄的影响，但的确反映了自己思想认识上的转变。以往人们为性恶论辩护，主要是与西方基督教相类比，认为基督教可以讲性恶，荀子为何不可以讲性恶？荀子对儒学乃至中国文化的贡献恰恰在于其提出或揭示了性恶。但这种比附忽略了一点，即基督教是在有神论的背景下讲原罪、性恶的，人的罪（恶）正好衬托出神的善，故只有在神的恩典、救赎下，人才能得到拯救。所以，在基督教中，性恶与有神论是自洽的。但在中国文化中，由于理性早熟，人们逐渐放弃了对人格神的信仰，特别是到了荀子这里，天已经被自然化了，所谓“天行有常，不为尧存，不为桀亡”。因此，讲性善，则肯定内在主体性；讲性恶，则突出外在权威、圣王。但在荀子那里，又不承认圣王与常人在人性上有什么差别，认为其同样是性恶的，这样，第一个圣人或圣王是如何出现的便成为无法解释的问题，其理论上是不自洽的。所以，在中国文化的语境下，性恶论是“大本已坏”的判断并没有错，宋儒的错误在于忽略了荀子思想的复杂性，误以为荀子只讲性恶，不讲心善，忽略了荀子同样肯定人有内在道德主体性。为荀子辩护，不必非要肯定性恶的合理性，而应对荀子人性论的复杂性、全面性做出准确的梳理和解读。

又铭兄提倡“新荀学”，特别重视《荀子》这部经典，我则主张“统合孟荀”，提出“新四书”的构想，所以我们对荀子在儒学史上的地位和作用的认识是不同的，但这种分歧并不是截然对立、彼此排斥的。在 2017 年中国人民大学国学院主办的“统合孟荀与道德重估”的会议上，曾有学者质问我：为什么一定要统合孟荀？难道不可以提倡孟学或荀学吗？我的回答是，当代新儒学的发展当然可以有新孟学、新荀学，但也可以有由统合孟荀而来的新儒学。在儒学的创新上，不妨百花齐放，各展所能，各施所长，至于结果，则留给历史去选择。

李存山先生是我敬重的前辈学者，曾长期负责《中国社会科学》的工作。十余年前，他辞去副总编辑的职务，回到中国社会科学院哲学研究所中哲研究室，专心从事学术研究。记得一次聊天时，李老师曾说：我已经很久没有出版专著了。我知道李老师在精心准备一部大作，而这部著作是关于范仲淹的。当时余英时先生的《朱熹的历史世界》出版不久，引起了学界的普遍关注。李老师写出了《宋学与〈宋论〉——兼评余英时著〈朱熹的历史世界〉》，指出余著忽略了范仲淹对宋初三先生的影响，同时提出，余英时先生把朱熹的时代称为“后王安石时代”并不恰当。与其称之为“后王安石时代”，毋宁称之为“后范仲淹时代”。当时社科院历史研究所有一份内部刊物——《中国思想史研究通讯》，由我具体负责，我将李老师的文章发表后，很快收到余英时先生的回信：

梁涛先生：

收到寄赠《中国思想史研究通讯》第六辑，十分感谢。李存山先生大文兼评拙作，言之有物，持之有故，很感谢他赐教的雅意，乞代为致意为幸。贵刊资讯丰富，对于同行的人是极有帮助的。特写此短札，以略表致谢之忱。

敬问

安好

余英时手上

（二零）零五年九月十九日

以往的宋明理学研究由于受哲学范式的影响，主要关注理气、心性等所谓道体的问题，余英时先生则反其道而行之，认为理学家与以往的儒者一样，真正关心的仍是人间秩序的问题。他提出“内圣外王”连续体的概念，强调理学家不仅关注“内圣”，同时也关注“外王”，甚至认为“外王”的问题比“内圣”更重要。余先生主张对朱熹的研究要从“思想世界”回到“历史世界”，并视之为一场哥白尼式的倒转。但在我看来，似仍有一间之未达，主要是因为余先生采取了历史还原的方法，将“内圣”还原到“外王”，认为“内圣”的提出是为了解决“外王”的问题，但二者的关系如何，却往往语焉未详，未能说明理学家关于道体、形上学的讨论与现实政治之关系的问题。其实，宋明理学的主题应是天道性命与礼乐刑政，当时的学者一方面推阐天道性命以寻求礼乐刑政的理论依据，另一方面又锐意名教事业以作为天道性命之落实处，故理学家对道体或天道性命的讨论绝非空穴来风，做无谓的工作，而是从哲学、形上学的角度为现实政治寻找理论依据。对于理学家的思想恐怕要这样解读，今后的理学研究也需要在“思想世界”和“历史世界”之间达到一种平衡。所以，在接到主编本套丛书的任务后，我立即与李存山老师联系，希望将他计划写作的《范仲淹与宋学精神》列入本套丛书。李老师谦称，只完成了几篇文章，编在一起只能算一本小书。但书的“大”“小”岂可用字数衡量？李存山老师强调范仲淹的重要性，认为其“明体达用之学”代表了宋学的精神和方向，相信李老师的这本书对今后的宋明理学研究会产生重要的启示和借鉴意义。

杨泽波教授是著名的孟子研究专家，在孟子研究上用力颇深，他的《孟子性善论研究》是改革开放后孟子研究的一部代表性著作。在完成孟子研究后，杨教授转而关注港台新儒家的代表人物牟宗三的哲学，积 15 年之力，出版了皇皇 5 大卷、240 余万字的《贡献与终结——牟宗三儒学思想研究》，可谓是牟宗三研究的集大成之作。杨教授的新著体大思精，对专业研究者来说，是必读的参考文献，但对一般读者而言，阅读起来则显得不便。故我与杨教授商议，将其著作压缩出一个简写本，这样就有了《走下神坛的牟宗三》一书，它虽只有 10 余万字，但更为概括、凝练，更便于读者理解杨教授的主要见解和观点。杨泽波教授年长我 10 余岁，据他讲，当年曾经深受牟宗三的影响，是通过阅读牟先生的著作而走上儒学研究的学术道路的，而他现在的研究则更多地表现出对牟先生思想的反省和检讨。这种情况不仅发生在杨泽波教授身上，同样也存在于我们这些六零后学者身上，可以说反映了内地（大陆）儒学研究的基本趋势：从阅读牟先生等港台新儒家的著作开始接受和理解儒学的基本价值，又从反思牟先生等港台新儒家的学术观点开始尝试建构内地（大陆）新儒学的研究范式。出现这种情况并不奇怪，毕竟内地（大陆）学者与牟先生那一代学者生活在不同的社会环境，故而问题意识、所思所想自然会有所不同。牟先生他们当年生活的港台社会，西风日盛，民族文化花果飘零，故其所要论证的是儒家文化仍然有不过时的恒常价值，这个他们认为是儒家的心性，同时他们深受五四时期科学和民主观念的影响，认为传统儒学的缺陷在于没有发展出科学和民主，所以他们对儒学的思考便集中在“老内圣”如何开出“新外王”、心性如何开出科学和民主的问题上。但这样一来，就在有意无意中将儒学自身的问题和逻辑打乱了。我多次强调，儒学的基本问题是仁与礼的关系问题，这一问题在理学家那里又表现为天道性命与礼乐刑政的问题，今天讨论儒学仍不能回避儒学的这一基本问题，所以我们与其问儒学为什么没有发展出科学和民主，不如问儒家的礼乐刑政为什么没有或如何完成现代转化。发展仁学、改造礼学，才是儒学发展的根本所在。牟先生由于受五四礼教吃人观念的影响，视礼学为儒家过时之糟粕，避之唯恐不及。这样，完整的儒学思想便被砍去一半，所缺的这一半只好用科学和民主来填补。但既然我们不要求基督教、佛教发展出科学和民主，那么为什么一定要求儒学发展出科学和民主？似乎不如此便不具有合法性。这显然是不合理的，也缺乏对儒学这一古老精神传统必要的尊重。而且，引发出另外一个后果：既然可以不顾及儒学的内在理路和逻辑，片面要求其适应所谓的科学和民主，那么反过来也可能促使人们以儒学独立性的名义反对民主，认为完整的儒学与民主恰恰是对立的、不相容的。这在当前学界竟成为一个颇有影响的观点，尤其为许多民间学者所信奉，不能不说与牟先生对儒学的片面理解有关。牟先生对荀子评价不高，对儒家的礼学传统重视不够，其实也反映了这一点。不过，虽然我们与牟先生在对儒学的具体理解上有所不同，但牟先生所强调的儒学需要经历现代转化则无疑是需要予以充分肯定的。2017 年我在“牟宗三对中国哲学的贡献与启示”学术研讨会上明确提出“回到牟宗三——大陆新儒学的发展方向”，即是要突出、强调这一点。“回到”不是简单地回归，而是回到追求儒学现代性的起点，以更尊重儒学的基本问题和内在理路的方式探讨儒学的现代转化。这应该是内地（大陆）新儒学既继承于港台新儒学，又不同于港台新儒学的内容和特点所在。牟先生曾自称“一生著述，古今无两”，是当代最具原创性的思想家和儒学大师，他的一些具体观点、主张，我们或许可以不同意，但绝不可以轻易绕过，今后新儒学的发展仍需要充分继承、吸收牟先生的研究成果，并有所突破和发展。杨泽波教授研究牟宗三儒学思想多年，对牟先生的重要学术观点都提出了独到的分析和看法，给出了相对客观的评价，相信他这部新著，对于我们理解、消化牟宗三的儒学思想会产生积极的借鉴作用。

本套丛书收录的《新四书与新儒学》一书，是我近年关于重建新儒学的一些思考，包括新道统、新四书（《论语》《礼记》《孟子》《荀子》），对孟子、荀子人性论的重新诠释，统合孟荀、创新儒学，以及自由儒学的建构，等等。需要说明的是，《新四书与新儒学》一书的内容只是我目前的一些思考，虽然奠定了我今后儒学建构的基本框架，但还有更多问题有待进一步探讨。这些问题不断涌入我的头脑，使我每日都处在紧张的思考中，而要将其梳理清楚，还要补充大量的知识，付出辛勤的劳作。故该书只能算是一个初步的尝试，是我下一本更为系统、严谨的理论著作的预告。由于这个缘故，该书有意收录了一些非正式的学术论文，这些文章或是随笔、笔谈，或是发言的整理稿，对读者而言，不仅通俗易懂，而且观点鲜明，使其可以更直观地理解我目前的思考和想法。

最后，我要感谢中国人民大学出版社学术出版中心杨宗元主任将主编本套丛书的重任交付于我，使我有机会学习、了解中国哲学研究的最新成果和思考。我也要感谢各位责任编辑，由于你们的辛勤付出，本套丛书才得以如此快地呈现给每一位读者。

**梁涛**

2018 年 9 月 27 日于世纪城时雨园

# 目　录

# 范仲淹与宋学精神

## 一、导言

钱穆先生论两宋学术云："宋学精神，厥有两端：一曰革新政令，二曰创通经义，而精神之所寄则在书院。革新政令，其事至荆公而止；创通经义，其业至晦庵而遂。而书院讲学，则其风至明末之东林而始竭。"① 此处所说的"两端"，亦有体有用，即以"经义"为体，以"政令"为用；"书院"者，即教授此"明体达用"之学也。

《宋元学案》托始于"安定学案"，安定（胡瑗）"以明体达用之学授诸生"，"其教人之法，科条纤悉具备，立经义、治事二斋"。其"经义"即体也，其"治事"则用也。按安定门下高弟刘彝所说："君臣父子、仁义礼乐，历世不可变者，其体也。……举而措之天下，能润泽斯民，归于皇极者，其用也。"（《宋元学案·安定学案》）此种治学精神的确立，以及宋

① 钱穆：《中国近三百年学术史》，7页，北京，商务印书馆，1997。

代书院的兴起，实本之于范仲淹。宋学精神中的“革新政令”，其事至荆公（王安石）而止，其亦创自范仲淹。

《宋元学案·序录》云：“宋世学术之盛，安定、泰山为之先河，程、朱二先生皆以为然。”又云：“晦翁推原学术，安定、泰山而外，高平范魏公其一也。高平一生粹然无疵，而导横渠以入圣人之室，尤为有功。”钱穆先生亦云：“言宋学之兴，必推本于安定、泰山，盖至是而师道立，学者兴，乃为宋学先河。”[①] 泰山（孙复）门下有徂徕（石介），后世尊称安定、泰山、徂徕为“宋初三先生”。此“宋初三先生”与范仲淹的关系，亦如钱穆先生所说：“安定同时有范仲淹希文，即聘安定为苏州教授者。泰山孙明复亦希文在睢阳掌学时所激厉索游孙秀才也。安定、泰山、徂徕三人，既先后游希文门，而江西李泰伯，希文知润县，亦罗致教授郡学。”[②] 观此可知，高平（范仲淹，字希文）并非“安定、泰山而外”的另一支，“宋初三先生”能为宋学之先河，实得力于范仲淹的延聘、推荐和激励。李泰伯（觏）之学，与王安石有相近处，亦得到范仲淹的奖掖提携。王安石在为范仲淹所作祭文中，称其为“一世之师”（《王安石全集》卷八十五《祭范颍州文》）。

《宋史·范仲淹传》云：“仲淹泛通六经，长于《易》，学者多从质问，为执经讲解，亡所倦。尝推其奉以食四方游士，诸子至易衣而出，仲淹晏如也。每感激论天下事，奋不顾身，一时士大夫矫厉尚风节，自仲淹倡之。”欧阳修在范仲淹

① 钱穆：《中国近三百年学术史》，2页。

② 同上书，3页。

遭罢贬时即慨然指出：“希文平生刚正，好学通古，今班行中无与比者，其立朝有本末，天下所共知。”（《范文正公集·年谱》，又见《居士外集》卷十七《与高司谏书》，其中“立朝有本末”相当于说“立朝有体用”，胡瑗的“明体达用”思想本之于范仲淹。）吕中有谓：“先儒论宋朝人物，以范仲淹为第一。”（《宋大事记讲义》卷十）朱熹亦称赞范仲淹：“天地间气，第一流人物。”（《范文正公集》附录《诸贤赞颂论疏》）“范文正杰出之才”，“至范文正时便大厉名节，振作士气，故振作士大夫之功为多”，“本朝道学之盛……亦有其渐，自范文正以来已有好议论，如山东有孙明复，徂徕有石守道，湖州有胡安定，到后来遂有周子、程子、张子出”（《朱子语类》卷一二九）。由以上所引可知，范仲淹实为开创宋学精神的第一人物。

## 二、范仲淹与庆历新政

范仲淹生于宋太宗端拱二年（公元 989 年），卒于宋仁宗皇祐四年（公元 1052 年），他的一生与庆历新政密切联系在一起。

范仲淹生在徐州，两岁丧父，母贫无所依，改嫁长山（今属山东邹平）朱氏，范仲淹从姓朱，名说（读为“悦”）。“朱说”这个名字一直用到他二十七岁登进士第以后，至二十九岁始复范姓。他二十一岁时寄居在长白山醴泉寺（今山东邹平南）刻苦读书，二十三岁时询知身世来历，感愤自立，佩琴剑径趋南都（今河南商丘），走时与母相约，“期十年登第来迎亲”。范仲淹在南都，“入学舍，扫一室，昼夜讲诵，其起居饮食，人所不堪，而公自刻益苦”（《范文正公集·年谱》），“冬夜惫甚，以水沃面；食不给，至以糜粥继之”（《宋史·范仲淹传》）。如此苦学五年，“大通六经之旨，为文章论说，必本于仁义孝弟忠信”。宋真宗大中祥符八年（公元 1015 年），范仲淹登进士第，作诗云：“长白一寒儒，名登二纪余。……乡人莫相羡，教子读诗书。”（《范文正公集·年谱》）

欧阳修在《资政殿学士户部侍郎文正范公神道碑铭并序》中说：“公少有大节，于富贵贫贱，毁誉欢戚，不一动其心，而慨然有志于天下。”（《居士集》卷二十）朱熹也曾说：“且如一个范文正公，自做秀才时便以天下为己任，无一事不理会过。一旦仁宗大用之，便做出许多事业。”（《朱子语类》卷一二九）

范仲淹中进士后，调广德军（今安徽广德）任司理参军，“日报具狱，与太守争是非，守数以盛怒临之，公不为屈”，“初广德人未知学，公得名士三人为之师，于是郡人之擢进士第者相继于时”（《范文正公集·年谱》）。天禧元年（公元 1017 年），范仲淹迁文林郎，权集庆军（今安徽亳州）。是年，“迎侍母夫人至姑苏，欲还范姓，而族人有难之者，公坚请云：‘止欲归本姓，他无所觊。’始许焉”（《范文正公集·年谱》）。

宋仁宗天圣元年（公元 1023 年），范仲淹监管泰州西溪镇（今江苏东台）盐仓，上书言寇准被诬事。是年，范仲淹除兴化（今江苏兴化）令，富弼弱冠来谒，“公识其远，大力教载而激劝之”，后来富弼与范仲淹并为枢密副使、参知政事，他在为范仲淹作的祭文中有“昔弱初冠，识公海陵……始未闻道，公实告之。未知学文，公实教之”（《范文正公集·年谱》）云云。

天圣二年（公元1024年），范仲淹迁大理寺丞；翌年，作《奏上时务书》（见《范文正公集》卷七），这是他以后一系列上书举新政的开始。书中首言“救文弊”：

> 臣闻国之文章，应于风化；风化厚薄，见乎文章。……故文章之薄，则为君子之忧；风化其坏，则为来者之资。惟圣帝明王，文质相救，在乎己，不在乎人。《易》曰：“穷则变，变则通，通则久”，亦此之谓也。伏望圣慈与大臣，议文章之道，师虞夏之风。况我圣朝千载而会，惜乎不追三代之高，而尚六朝之细。然文章之列，何代无人？盖时之所尚，何能独变？大君有命，孰不风从？可敦谕词臣，兴复古道，更延博雅之士，布于台阁，以救斯文之薄而厚其风化也，天下幸甚。

范仲淹的“救文弊”思想，是对唐代韩愈、柳宗元所倡古文运动的继承和发展。正如范仲淹所说，“文章”事关“风化”，唐宋间文风的变革是与当时复兴儒学的思潮息息相关的。

宋代不仅有文之弊，而且有武之失，故范仲淹次言“复武举”，提出：“圣人之有天下也，文经之，武纬之，此二道者，天下之大柄也。”他在宋初天下承平之时，已深见其武备缺失、四夷为患的危机：“今天下休兵余二十载，昔之战者，今已老矣；今之少者，未知战事。人不知战，国不虑危，岂圣人之意哉？而况守在四夷，不可不虑，古来和好，鲜克始终。”因此，他主张“复唐之武举，则英雄之辈，愿在彀中，此圣人居安虑危之备”。

范仲淹所言还有“重三馆之选，赏直谏之臣，及革赏延之弊”等。他强调“先王建官，共理天下，必以贤俊授任，不以爵禄为恩”，因此，朝廷应以科举取士，革除将官职“赏延”给大臣子弟的弊端。“革赏延之弊”，意在为士人通过科举而进入权力机构提供更多的机会。他指出当时由于科举竞争的激烈，败坏了士人的学风：

> 修辞者不求大才，明经者不问大旨。师道既废，文风益浇；诏令虽繁，何以戒劝？士无廉让，职此之由，其源未澄，欲波之清，臣未之信也。傥国家不思改作，因循其弊，官乱于上，风坏于下，恐非国家之福也。

范仲淹是把士人的学风，即士人是否能够继承儒家的师道、认明儒经之大旨、掌握治世之大才，作为国家的治乱之源；而此源头的澄清，又在于国家取士制度的改革和吏治的清明。这一精神一直贯彻到庆历新政中，可以说是庆历新政的灵魂之所在；亦职此之故，庆历新政不仅关乎宋代的“革新政令”，而且更关乎宋代的“创通经义”。

在君主集权的制度下，国家的治乱之源实在于“君心”的正与不正。孟子对此有明确的认识，故云“唯大人为能格君心之非”，“一正君而国定矣”（《孟子·离娄上》）。宋儒程、朱对此亦有明确的认识，如程颐所说：“天下之治乱系乎人君仁不仁耳……格其非心，使无不正，非大人其孰能之？”（《河南程氏外书》卷六）朱熹也说：“使二先生（横渠、明道）得君，却自君心上为之，正要大家商量，以此为根本。君心既正，他日虽欲自为，亦不可。”（《朱子语类》卷一三〇）范仲淹当时还不可能把这一点明确地表述出来，但他提出“赏直谏之臣”，“舍一心之私，从万人之望”，“不以谤议为嫌，当以治乱为意”，却也正是针对“君心”而发。他奉劝君主“用人之议，不以远大为迂说，不以浅末为急务”，“临万几之事，而不敢独断”，“纳群臣之言，而不敢偏听”。他尤其劝诫君主不要被佞臣所蒙蔽，认为“奸邪之凶，甚于夷狄之患”。范仲淹所告诫君主的，也正是他最担心的，而以后庆历新政的夭折，其原因恰恰是宋仁宗没有听从范仲淹的告诫。

范仲淹在《奏上时务书》中还提到“少度僧尼，不兴土木”，这显示了他“排斥释老”的立场。范仲淹作有《四民诗》（见《范文正公集》卷一），其中有云：“禅灶方激扬，孔子甘寂默。六经无光辉，反如日月蚀。大道岂复兴，此弊何时抑？”“可甚佛老徒，不取慈俭书。竭我百家产，崇尔一室居。”排斥释老以复兴儒学，这也是韩愈以来新儒学发展的一个题中应有之义。

天圣四年（公元 1026 年），范仲淹丁母忧，与发运使张纶书，言复海堰之利。张纶“奏以公知兴化县，总其役”，发动通（今南通）、泰（今泰州）、楚（今淮安）、海（今连云港）四州民夫，建成数百里的捍海堤堰，民至今享其利，称“范公堤”。

天圣五年（公元 1027 年），范仲淹寓南京应天府（即南都，今河南商丘），时丞相晏殊为留守，遂请范仲淹掌府学。

“公常宿学中，训督学者，皆有法度，勤劳恭谨，以身先之。由是四方从学者辐凑，其后以文学有声名于场屋、朝廷者，多其所教也。”（《范文正公集·年谱》）据《东轩笔录》，范仲淹激励孙复，“授以《春秋》”，即在此年。

同年，范仲淹有《上执政书》（见《范文正公集》卷八），此时他正居母丧，“上书言事，逾越典礼”，故书中云：“忠孝者，天下之大本也，其孝不逮矣，忠可忘乎？此所以冒哀上书，言国家事，不以一心之戚而忘天下之忧，庶乎四海生灵长见太平。”此书凡万余言，指出当时的宋朝已处于“泰极者否”的形势，只有“变”，才能“通”而“久”。他说：

> 今朝廷久无忧矣，天下久太平矣，兵久弗用矣，士曾未教矣，中外方奢侈矣，百姓反困穷矣。朝廷无忧，则苦言难入；天下久平，则倚伏可畏；兵久弗用，则武备不坚；士曾未教，则贤材不充；中外奢侈，则国用无度；百姓困穷，则天下无恩。苦言难入，则国听不聪矣；倚伏可畏，则奸雄或伺其时矣；武备不坚，则戎狄或乘其隙矣；贤材不充，则名器或假于人矣；国用无度，则民力已竭矣；天下无恩，则邦本不固矣。

在此形势下，他认为，必须“固邦本，厚民力，重名器，备戎狄，杜奸雄，明国听”。“固邦本者，在乎举县令，择郡守，以救民之弊也；厚民力者，在乎复游散，去冗僣，以阜时之财也；重名器者，在乎慎选举，敦教育，使代不乏材也；备戎狄者，在乎育将材，实边郡，使夷不乱华也；杜奸雄者，在乎朝廷无过，生灵无怨，以绝乱之阶也；明国听者，在乎保直臣，斥佞人，以致君于有道也。”

在这里，范仲淹所强调的“变”，是把吏治的澄清（“举县令，择郡守”）放在首位。他深切地认识到：“今之县令循例而授，多非清识之士。衰老者为子孙之计，则志在苞苴，动皆徇己；少壮者耻州县之职，则政多苟且，举必近名。故一邑之间，簿书不精，吏胥不畏，徭役不均，刑罚不中，民利不作，民害不去，鳏寡不恤，游惰不禁，播艺不增，孝悌不劝。以一邑观之，则四方县政如此者十有七八焉，而望王道之兴不亦难乎！”吏治的腐败如此严重，故改革应从吏治开始。

郡县之守得其才，则可“复游散，去冗僭”。范仲淹说：“盖古者四民，秦汉之下，兵及缁黄共六民矣。”此“六民”中的冗兵和僧尼道士就在游散、冗僭之列。关于限制僧徒的发展，范仲淹说：“夫释道之书，以真常为性，以清净为宗，神而明之，存乎其人，智者尚难于言，而况于民乎？君子弗论者，非今理天下之道也。其徒繁秽，不可不约。”他又指出：“其天下寺观，每建殿塔，蠹民之费，动逾数万，止可完旧，勿许创新，斯亦与民阜财之端也。”

范仲淹所强调的“变”，虽然把改革吏治放在首位，但他知道“举择令长，久则乏人”，因此，吏治之源还在于“慎选举，敦教育”。他说：“用而不择贤，孰进焉？择而不教贤，孰继焉？宜乎慎选举之方，则政无虚授；敦教育之道，则代不乏人。”所谓“慎选举”，就是改革科举以诗赋为先的考试方式，“先策论以观其大要，次诗赋以观其全才，以大要定其去留，以全才升其等级，有讲贯者，别加考试”。所谓“敦教育”，就是在地方普遍建立郡学，“深思治本，渐隆古道，先于都督之郡，复其学校之制，约《周官》之法，兴阙里之俗，辟文学掾以专其事，敦之以诗书礼乐，辨之以文行忠信”。这样行之数年，可望“士风丕变”，此乃“择才之本、致理之基也”。范仲淹的改革思想，实际上是把敦教育、设郡学作为基本，宋代学术之兴，根源于此。

《上执政书》中的“育将材，实边郡”“保直臣，斥佞人”等，重申了《奏上时务书》中所说“复武举”“赏直谏之臣”的思想。

天圣六年（公元1028年），范仲淹再次上书言朝政得失、民间利病。经晏殊的推荐，范仲淹被授以秘阁校理，这是他进入朝廷权力机构的开始。次年，宋仁宗为皇太后祝寿，率百官朝拜于天安殿，范仲淹上疏言：“天子有事亲之道，无为臣之理；有南面之位，无北面之仪。若奉亲于内，以行家人礼可也。今顾与百官同列，亏君体，损主威，不可为后世法。”疏入，不报。又奏疏“请皇太后还政”，亦不报，“遂乞补外”，贬为河中府（今山西永济）通判。（《范文正公集·年谱》）范仲淹在朝廷不及一年，便被放归地方。历代士大夫往往因帝后关系和礼仪问题而获罪，这不是他们的“迂腐”，而是由于在君主制下，此类事确实关乎“国体”。

天圣八年（公元1030年），范仲淹两次上书晏殊。第一次即《上资政晏侍郎书》（见《范文正公集》卷八），书中主要表明自己上疏言事并非“好奇邀名”，而是“但信圣人之书，师古人之行，上诚于君，下诚于民，韩愈自谓，有忧天下之心，由是时政得失，或尝言之，岂所谓不知量也”，并表示以后仍要“事君有犯无隐，有谏无讪，杀其身，有益于君，则为之”。第二次即《上时相议制举书》(见《范文正公集》卷九)，书中集中阐述了他的“慎选举，敦教育”思想。他说：

> 夫善国者，莫先育材；育材之方，莫先劝学；劝学之要，莫尚宗经。宗经则道大，道大则才大，才大则功大。……故俊哲之人，入乎六经，则能服法度之言，察安危之几，陈得失之鉴，析是非之辩，明天下之制，尽万物之情。使斯人之徒，辅成王道，复何求哉？至于扣诸子，猎群史，所以观异同，质成败，非求道于斯也。

宗经、劝学、育才，即范仲淹的教育为本思想。至于科举考试，他主张：“先之以六经，次之以正史，该之以方略，济之以时务。使天下贤俊，翕然修经济之业，以教化为心，趋圣人之门，成王佐之器。”

明道二年（公元 1033 年），章献太后崩，宋仁宗始亲政。范仲淹被召赴阙，除右司谏。太后有遗诰，以杨太妃为皇太后，参决国事。范仲淹亟上疏言：“太后，母号也，未尝因保育而代立者。今一太后崩，又立一太后，天下且疑陛下不可一日无母后之助。”遂罢其册命。是年，范仲淹出使江淮一带赈灾，“使还，会郭皇后废，（公）率谏官御史伏阁争，不能得，贬知睦州，又徙苏州”（《居士集》卷二十《资政殿学士户部侍郎文正范公神道碑铭并序》）。在废郭皇后的问题上，范仲淹与时任宰相的吕夷简发生了第一次冲突，从而埋下了以后“景祐党争”的潜根。

景祐二年（公元 1035 年），范仲淹在苏州，奏请立郡学。

“先是公得南园之地，既卜筑而将居焉，阴阳家谓必踵生公卿，公曰：‘吾家有其贵，孰若天下之士咸教育于此，贵将无已焉。’遂即地建学，既成或以为太广，公曰：‘吾恐异时患其隘耳。’”（《范文正公集·年谱》）是年，“诏苏州立学”，范仲淹将南园之地“割从创焉”（《苏州府志》卷二十五），胡瑗“以经术教授吴中，范文正爱而敬之，聘为苏州教授，诸子从学焉”（《宋元学案·安定学案》）。又据《范文正公集·年谱》，范仲淹在苏州时曾给孙复写信，请其“枉驾与吴中，讲贯经籍，教育人材”。是年冬十月，范仲淹除尚书礼部员外郎、天章阁待制，召还判国子监。时朝廷更定雅乐，诏求知音者，范仲淹推荐胡瑗，“以白衣对崇政殿，授试秘书省校书郎”（《宋元学案·安定学案》）。范仲淹进除吏部员外郎，权知开封府。“公决事如神，京邑肃然称治，都下谣曰：朝廷无忧有范君，京师无事有希文。”（《范文正公集·年谱》）

景祐三年（公元1036年），范仲淹与仁宗论建都事，略谓洛阳险固，宜以将有朝陵为名，渐营廪食，庶几有备，太平则居东京通济之地，以便天下，急难则居西洛险固之宅，以守中原。仁宗将迁都事与丞相吕夷简议，吕夷简称范仲淹“迂阔，务名无实”。范仲淹闻之又上四论，一曰《帝王好尚论》，二曰《选贤任能论》，三曰《近名论》，四曰《推委臣下论》，大抵讥指时政。又献《百官图》，因指朝臣升迁的迟速次序，曰某为超迁，某为左迁，何者为公，何者为私，意在丞相。吕夷简大怒，斥范仲淹“越职言事，荐引朋党，离间君臣”（《范文正公集·年谱》）。范仲淹遂被罢黜落职，知饶州（今江西鄱阳）。

时馆阁校勘欧阳修移书右司谏高若讷，责其不能为范仲淹辩诬，“不复知人间有羞耻事”（《文忠集》卷六十七《与高司谏书》），亦坐罪，贬为夷陵令。范仲淹在饶州建郡学，“生徒浸盛”（《范文正公集·年谱》）。

景祐四年（公元1037年），李觏“乡举不利而往鄱阳访范公”（《李觏集·年谱》）。是年，范仲淹徙知润州（今江苏镇江）。《范文正公集·年谱》载：“自公贬而朋党之论起，朝士牵连，出语及公者，皆指为党人。”

宝元元年（公元1038年），范仲淹移书李觏，言“今润州初建郡学，可能屈节教授”云云。又有《与胡安定屯田书》，略云“入朝以来，思报人主，言事太急，贬放非一”，表示将“惟精惟一，死生以之”。冬十一月，徙知越州（今浙江绍兴）。（《范文正公集·年谱》）是年，西夏赵元昊称帝，范仲淹所预见的“边患”成为现实。

宝元二年（公元1039年），范仲淹再次移书李觏，延请其到越州讲学（《范文正公集·年谱》）。翌年（康定元年，公元1040年），李觏“往越州赴范高平公招”（《李觏集·年谱》）。又据《范文正公集·年谱补遗》，是年八月“举刘牧、钱中孚等十七人，充陕西差遣”。

康定元年（公元1040年），朝廷用陕西安抚使韩琦之言，恢复范仲淹的天章阁待制，知永兴军（今陕西西安）。未至永兴，又改陕西都转运使。五月，西北用兵，范仲淹上疏言守边城、实关中之计。七月，范仲淹除龙图阁直学士，与韩琦并为陕西经略安抚副使。八月，兼知延州（今陕西延安），部署攻防，“贼不敢犯”，谓“今小范老子腹中有数万甲兵”（《范文正公集·年谱》）。是年，有《举张问、孙复状》。同年，张载来谒，因劝读《中庸》，“导横渠以入圣人之室”。

庆历元年（公元1041年），范仲淹兼知庆州（今甘肃庆阳），奏《上攻守二策状》，并有《举欧阳修充经略安抚司掌书记状》。

庆历二年（公元1042年），范仲淹又有《上吕相公书》（见《范文正公集》卷九），指出宋朝“罢节侯，署文吏”，救前代“诸侯握兵，外重内轻”之弊，但“忘战日久”，“一日夷狄叛”，“朝廷渴用将帅，大患乏人，此文之弊也”。因此，他主张朝廷命官要“文武参用”，“使文武之道，协和为一”。据《范文正公集·年谱补遗》，是年“以处士孙复为国子监直讲”，从范仲淹与富弼之荐也。

庆历三年（公元1043年），范仲淹与韩琦经略陕甘，敌不敢犯。“边上谣曰：军中有一韩，西贼闻之心胆寒；军中有一范，西贼闻之惊破胆。”（《范文正公集·年谱》）是年，赵元昊遣使乞和。谏官欧阳修、余靖、蔡襄上疏，言范仲淹“有宰辅才，不宜局在兵府”（《范文正公集·年谱》）。仁宗从其请，授范仲淹枢密副使、右谏议大夫，复除参知政事、知谏院，范仲淹由此进入了朝廷核心领导层，并与韩琦、富弼、欧阳修等人形成一股推动改革的势力。范仲淹“每进见，必以太平责之”，仁宗“赐手诏，趣使条天下事，又开天章阁，召见赐坐，授以纸笔，使疏于前，公惶恐避席，始退而条列时所宜先者十数事，上之”（《居士集》卷二十《资政殿学士户部侍郎文正范公神道碑铭并序》)。此次上疏即《范文正公集·政府奏议》所载《答手诏条陈十事》。“天子方信向仲淹,悉采用之,宜著令者,皆以诏书画一颁下;独府兵法,众以为不可而止。”(《宋史·范仲淹传》)这“十事”中的许多内容见诸当时朝廷的政令,史称“庆历新政”即指此也。

范仲淹的《答手诏条陈十事》,首先指出改革的必要性:

> 历代之政,久皆有弊,弊而不救,祸乱必生。……我国家革五代之乱,富有四海,垂八十年,纲纪制度日削月侵,官壅于下,民困于外,夷狄骄盛,寇盗横炽,不可不更张以救之。然则欲正其末,必端其本;欲清其流,必澄其源。

范仲淹的改革思想,有清醒的本末、源流意识。而他所条陈的“十事”,则是他前几次上书举新政的继续和充实。这“十事”是:

一曰“明黜陟”,即严明对文武百官的“磨勘”(考核),根据其政绩实效而决定其是否升迁,如此则“因循者拘考绩之限,特达者加不次之赏”,改变“不问劳逸,贤不肖并进”的状况。

二曰“抑侥幸”,即严格限制把官职“赏延”给大臣子弟,“革滥赏,省冗官”,改变权贵子弟“充塞铨曹,与孤寒争路”的状况。

三曰“精贡举”,即《上执政书》所谓“慎选举,敦教育”。范仲淹指出:“今诸道学校,如得明师,尚可教人六经,传治国治人之道。而国家乃专以辞赋取进士,以墨义取诸科,士皆舍大方而移小道，虽济济盈庭，求有才有识者，十无一二。况天下危困乏人，如此将何以救？在乎教以经济之业，取以经济之才，庶可救其不逮。”范仲淹所谓“经济”，即指本于儒家的“经义”或“经旨”而经国济民。他奏请各州郡有学校处，“举通经有道之士，专于教授，务在兴行”，考试方法为：“进士：先策论而后诗赋；诸科：墨义之外更通经旨。使人不专辞藻，必明理道。”“进士：以策论高、词赋次者为优等，策论平、词赋优者为次等；诸科：经旨通者为优等，墨义通者为次等。”如此则“天下讲学必兴，浮薄知劝，最为至要”。范仲淹注重“经济”，将“辞藻”“墨义”（记诵经书章句之学）置于“经旨”“理道”之下，这对于宋代学风的转变起了关键的作用，也开启了宋代经学即“道学”或“理学”的方向。

宝元、庆历年间，胡瑗在湖州讲学，“立经义、治事二斋”，“庆历中，天子诏下苏、湖取其法，著为令”（《宋元学案·安定学案》）。胡瑗教学之法的推广，即是庆历新政的产物。又据《李觏集·年谱》，“庆历三年，南城始诏立学，先生（李觏）为之师，四方来学尝数百人”。又据《范文正公集·年谱补遗》，“庆历四年……是时公意欲复古劝学，数言兴学校，本行实，诏近臣议于是，宋祈、王拱臣、张方平、欧阳修、曾公亮、王洙、孙甫、刘湜等合奏，谨参考众说，择其便于今者，莫若使士皆土著而教之于学校，则学者修饰矣，先策论则文辞者留心于治乱矣，简程序则阅博者得以聘矣，问以大义则执经者不专于记诵矣。乙亥诏州县皆立学”。又据欧阳修《胡先生墓表》，“庆历四年，天子开天章阁，与大臣讲天下事，始慨然诏州县皆立学，于是建太学于京师，而有司请下湖州，取先生之法以为太学法，至今著为令”（《居士集》卷二十五）。宋代于京师建立太学，于各州县普遍建立学校，并且改革了科举考试的内容和评判的标准，均自庆历新政始。

《范文正公集·政府奏议》卷下有范仲淹《奏为荐胡瑗、李觏充学官》，其中云：胡瑗“志穷坟典，力行礼义，见在湖州郡学教授，聚徒百余人，不惟讲论经旨，著撰词业，而常教以孝弟，习以礼法，人人向善，闾里叹伏，此实助陛下之声教，为一代美事”。又云：李觏“丘园之秀，实负文学，著《平土书》《明堂图》，鸿儒硕学，见之钦爱，讲贯六经，莫不赡通，求于多士，颇出伦辈”。范仲淹推荐胡瑗、李觏入太学，当在庆历新政推行时，而“天子诏下苏、湖取其法，著为令”，亦应是范仲淹推荐胡瑗入太学的结果。

四曰“择官长”，即《上执政书》所谓“举县令，择郡守”，具体措施是：委托中书枢密院推选转运使提点刑狱十人、大藩知州十人，委托内外两制等机构各推举知州数人，诸路转运使提点刑狱各推举知州数人、知县县令数人，各州知州通判推举知县县令二人，“得前件所举之人，举主多者先次差补”。这近似于按候选人的提名票数来决定官职的任选。

五曰“均公田”，即授予郡县官吏以“职田”，“有不均者均之，有未给者给之，使其衣食得足，婚嫁丧葬之礼不废，然后可以责其廉节，督其善政，有不法者可废可诛，且使英俊之流乐于为郡为邑之任”。这近似于今所谓“高薪养廉”。

六曰“厚农桑”，即兴修农田水利，发展农业生产，诏令各州军吏民于每年之秋“言农桑之间可兴之利，可去之害，或合开河渠，或筑堤堰陂塘之类，并委本州军选官，计定工料，每岁于二月间兴役，半月而罢，仍具功绩闻奏”，并且将鼓励农业生产的可行措施制订出条例，颁发给诸路转运使和各知州知县。

七曰“修武备”，即逐渐恢复唐代的府兵制，“先于畿内并近辅州府，召募强壮之人，充京畿卫士，得五万人以助正兵，足为强盛。使三时务农，大省给赡之费；一时教战，自可防虞外患。……此实强兵节财之要也。候京畿近辅召募卫兵已成次第，然后诸道效此渐可施行”。据《宋史·范仲淹传》，“独府兵法，众以为不可而止”。自宋太祖“杯酒释兵权”，“罢节侯，署文吏”，宋王朝一直是防内胜于攘外，虽自以为得计，但经承平八十年后，其“崇文卑武”之弊已十分严重，范仲淹远见卓识，求其“文武之道，协合为一”，然而“众以为不可而止”。两宋之亡于金、元，殆由此注定。

八曰“减徭役”，即合并县邑、保里等机构，裁撤其公人，凡所废之县、保，其公人归农，“但少徭役，人自耕作，可期富庶”。此可谓“精简机构”，减轻农民的负担。

九曰“覃恩信”，即在皇帝每三年一次郊祭而大赦天下时，要切实使其“恩信”泽及下民，不能在大赦以后“钱谷司存，督责如旧，桎梏老幼，籍没家产，至于宽赋敛、减徭役、存恤孤贫、振举滞淹之事，未尝施行”；“天禧年以前天下欠负，不问有无侵欺盗用，并与除放”。此乃免除所欠国家的长期债务，推恩泽于百姓。

十曰“重命令”，即严明法令，凡违制枉法者，治以重罪。

范仲淹所陈“十事”，正本清源，针对时弊，期以拨乱反正，天下太平。但所行仅及一年，便因触犯了一部分权贵阶层的利益，“任子恩薄，磨勘法密，侥幸者不便”，致使“谤毁浸盛，而朋党之论，滋不可解”(《范文正公集·年谱》)。党论兴则迫害起，国子监直讲石介因曾作《庆历圣德诗》，称颂范仲淹等人，而得罪夏竦，此时遭报复，被诬陷致死。(《范文正公集·年谱》并参《宋元学案·泰山学案》)范仲淹与富弼等“恐惧不敢自安于朝，皆请出按西北”。会边陲有警，于是以范仲淹为河东陕西宣抚使，“比去，攻者益急，仲淹亦自请罢政事”，“其在中书所施为，亦稍稍沮罢”(《宋史·范仲淹传》)。就这样，随着范仲淹离开朝廷，庆历新政便夭折了。

庆历五年(公元1045年)，范仲淹除资政殿学士，知邠州(今陕西郴州)，兼陕西四路安抚使。此年范仲淹作有《邠州建学记》。年末，因章得象诬陷范仲淹、富弼助石介谋乱，遂罢范、富安抚使之职。范仲淹引疾求解边任，迁知邓州(今河南邓州)。据《范文正公集·年谱补遗》，是年五月欧阳修上疏，言范仲淹、韩琦、富弼等“皆是陛下素委任之臣，一旦相继而罢，天下士皆素知其可用之贤，而不闻其可罢之罪。陛下于千官百辟之中，亲选得此数人，一旦罢去，而使群邪相贺于内，四夷相贺于外，此臣所以为陛下惜也”。据《欧阳文忠公年谱》，欧阳修于是年八月罢龙图阁直学士，知滁州，明年自号“醉翁”。

庆历六年(公元1046年)，邓人贾内翰以状元及第归乡，谒范仲淹，愿受教，“公曰：君不忧不显，惟不欺二字，可终身行之”。是年九月，范仲淹写成千古名篇《岳阳楼记》，其中有云：

> 不以物喜，不以己悲。居庙堂之高，则忧其民；处江湖之远，则忧其君。是进亦忧，退亦忧，然则何时而乐耶？其必曰先天下之忧而忧，后天下之乐而乐乎！

《范文正公集·年谱》谓：此范仲淹“平日允蹈之言也”。今亦可谓：此范仲淹矢志不移、数进数退感慨之言也。富弼在为范仲淹作的墓志铭中说：范仲淹“历补外职，以严明驭吏，使不得欺，于是民皆受其赐。立朝益务劲雅，事有不安者，极意论辩，不畏权幸，不蹙忧患，故屡亦见用，然每用必黜之，黜则忻然而去，人未始见其有悔色。或唁之，公曰：‘我道则然，苟尚未遂弃，假百用百黜，亦不悔’”（《范文正公集》附录）。

庆历七年（公元 1047 年），范仲淹在邓州，有《别贾状元书》云：“亦无鬼神，亦无烦恼，寻常于儿女多爱，不谓能了了如此。”次年，“徙知荆南府，邓人爱之，遮使者请留，公亦愿留，从其请也”（《范文正公集·年谱》）。范仲淹守邓凡三年，求知杭州。

皇祐元年（公元 1049 年），范仲淹徙知杭州，“子弟以公有退志，乘间请治第洛阳，树园圃，以为逸老之地”。范仲淹说：“人苟有道义之乐，形骸可外，况居室乎！”（《范文正公集·年谱》）是年，范仲淹有《荐李觏并录进礼论等状》。皇祐二年（公元 1050 年），李觏“赴范文正公招于杭州，范公再荐于朝”，“旨授将仕郎太学助教”（《李觏集·年谱》）。是年，吴中大饥，殍殣枕路，范仲淹在浙西“发粟，募民存饷，为术甚备”（《范文正公集·年谱》）。

皇祐三年（公元1051年），范仲淹以户部侍郎知青州（今山东青州）。此时范仲淹已病重，仍上书言当时吏治的腐败：“比年以来，不知择选，一切以例除之，以一县观一州，一州观一路，一路观天下，率皆如此，其间纵有良吏，百无一二，使天下赋税不得均，狱讼不得平，水旱不得救，盗贼不得除，民既无告诉，必生愁怨。救之之术，莫若守宰得人，若守修政举，则天下自无事矣。”（《范文正公集·年谱》）范仲淹在生命临终之时仍耿耿于吏治的整饬。

皇祐四年（公元1052年），范仲淹六十四岁，春正月徙知颍州（今安徽阜阳），夏五月二十日至徐州薨。临终有《遗表》，云：

> 臣闻生必尽忠，乃臣节之常守；没犹有恋，盖主恩之难忘。……伏念臣生而遂孤，少乃从学。游心儒术，决知圣道之可行；结绶仕涂，不信贱官之能屈。……预中枢之密，勿曾不获辞；参大政之几微，益难胜责。自念骤膺于宠遇，固当勉副于倚毗。然而，事久弊则人惮于更张，功未验则俗称于迂阔，以进贤援能为树党，以敦本抑末为近名，洎忝二华之行，愈增百种之谤。……君臣之间岂易忘报，但无怛化以竭遗忠，敢惮陈于绪言，庶无负于没齿。伏望陛下调和六气，会聚百祥，上承天心，下徇人欲，明慎刑赏而使之必当，精审号令而期于必行，尊崇贤良，裁抑侥幸，制治于未乱，纳民于大中。（《范文正公集》卷十六）

范仲淹临终回顾了一生从学入仕、数进数退的经历，特别是痛切地回顾了庆历新政的夭折，他至死还在“忧其君”“忧其民”，可谓“生亦忧，死亦忧”。然则，范仲淹岂无乐耶？其必曰：吾有“道义之乐”！

后人论范仲淹：“一生粹然无疵”，“天地间气，第一流人物”，“学贯天人，材兼文武。济贫活族，德泽过于晏婴；出将入相，勋业拟于伊、吕”，“在布衣为名士，在州县为能吏，在边境为名将，其材其量其忠，一身而备数器，在朝廷则又孔子所谓大臣者，求之千百年间，盖不一二见，非但为一代宗臣而已”（《范文正公集》附录《诸贤赞颂论疏》），这些并非过誉之词。如果我们从庆历新政中确认，范仲淹乃是开创宋学精神的第一人物，那么，其人格的光辉将更加耀眼。

## 三、庆历新政与熙宁变法

庆历新政是宋学的第一次“革新政令”，其以整饬吏治为首要，以砥砺士风、改革科举、兴办学校、认明经旨、培养人才为本源，兼及军事、经济等领域。其夭折的原因则在于触犯了一部分权贵阶层的利益，致使“谤毁浸盛”，“以远大为迂说”，“以进贤授能为树党，以敦本抑末为近名”。在“朋党之论，滋不可解”，进而罗织罪名、加以陷害的压力下，以范仲淹为首的改革势力退出了朝廷核心领导层。其成败得失，决定了以后宋学精神的发展。

庆历新政的成功处，是其扭转了宋代以辞赋、墨义为先的学风，在各州县普遍建立了郡学，“经义”与“治事”并进，“明体达用之学”成为朝野士人共同的追求。但对“经义”的解释，以及对“明体达用”的理解，士人中存在着分歧。在范仲淹看来，经义与士风、吏治是一体的，认明经旨，“必明理道”，“教以经济之业，取以经济之才”，其意趣所在首先就是澄清吏治，“固邦本者，在乎举县令，择郡守”，吏治得以澄清，才可以解决“徭役不均，刑罚不中，民利不作，民害不去，鳏寡不恤，游惰不禁，播艺不增，孝悌不劝”等问题。范仲淹认识到，在“今四方多事，民日以困穷，将思为盗”之时，“复使不才之吏临之”，则必然是“赋役不均，刑罚不当，科率无度，疲乏不恤，上下相怨，乱所由生”，因此，“若不急于求人，早革其弊，诚国家之深忧也”（《范文正公集·政府奏议》卷上《奏乞择臣僚令举差知州通判》）。然而，正是由于庆历新政把整饬吏治放在首位，所以很快就“谤毁浸盛”“攻者益急”，所谓“功未验则俗称于迂阔”，“以远大为迂说”，其实，范仲淹并非“迂阔”而远于功利，而是其改革直接触犯了一部分权贵阶层的利益。有鉴于此，宋学精神的第二次“革新政令”就不免是“以浅末为急务”，即把经济、功利放在首位。

兹把侯外庐先生编制的王安石居相位推行变法的年历摘次如下[①]：

熙宁二年（公元 1069 年）

二月，宋神宗以王安石为参知政事，议行新法。

① 侯外庐主编：《中国思想通史》，第四卷上册，431～433 页，北京，人民出版社，1959。

四月，遣使八人察诸路农田、水利、赋役。

七月，立淮、浙、江、湖六路均输法。

九月，立常平给敛法，即青苗法。

十一月，颁农田水利条约。

熙宁三年（公元1070年）

二月，韩琦请罢青苗法，安石求去，神宗慰留。安石谢表云："论善俗之方，始欲徐徐而变革；思爱日之义，又将汲汲于施为。"

五月，罢制置三司条例司归中书，新法悉归司农寺。

十二月，立保甲法。

熙宁四年（公元1071年）

二月，罢诗赋及明经诸科，以经义、策论试进士。

三月，遣使察奉行新法不职者。

四月，司马光权判西京留台。

六月，富弼坐革青苗法，徙判汝州。

十月，罢差役法，行募役法。立选人及任子出官试法。立太学内外上舍法。

熙宁五年（公元1072年）

三月，置市易务于京师。

五月，行保马法。

八月，颁方田均税法。

熙宁六年（公元1073年）

三月，置经义局，修《诗》《书》《周礼》"三经义”。

六月，置军器监。

十一月，新法增吏禄所费……民不加赋而吏禄以给。

熙宁七年（公元1074年）

正月，军器监上所制兵械皆精利。

四月，以旱权住方田、保甲。王安石罢相，知江宁府。

十月，复方田、保甲。

熙宁八年（公元1075年）

二月，王安石复相。

六月，颁《诗》《书》《周礼》“三经义”于学官。

十一月，王安石以疾家居。

熙宁九年（公元1076年）

十月，王安石罢相，判江宁府。

由以上可知，王安石的熙宁变法是以经济、功利为先的，其“以爱日之义”，“汲汲于施为”，按范仲淹对本末、源流的看法而衡之，的确是“以浅末为急务”。不过，熙宁变法也不失其有体有用。在科举考试的问题上，熙宁变法沿着庆历新政的方向，最终以经义、策论压倒了墨义、辞赋，宋代的学风为之丕变。为了给新法提供其“体”即经义的依据，王安石等修撰了“三经义”，颁布于学官。与庆历新政一年之短命所不同的是，熙宁变法推行了七年以上。

对于熙宁变法在经济上的合理性及其功效，史家已多有所论；而其失败的原因，则多归于“旧党”的反对。但是，“旧党”的成分却较为复杂。在抵制新法的反对派中，首先是韩琦、富弼等庆历老臣，他们之反对新法，不能归于豪门权贵维护自己的利益，而当属朝臣中政见的不合，他们的思维方式仍延续了庆历新政以吏治为先的改革思想。抵制新法最力，并且在元祐时期居于相位而废止新法的是司马光，《宋元学案·荆公新学略》载《元城语录》云：“温公戒金陵用小人。金陵曰：‘法行即逐之。’温公曰：‘误矣！小人得路，岂可去也？他日将悔之。’”这是用人路线上的分歧，而且司马光对王安石的告诫后来也应验了，《荆公新学略》云：“初，吕惠卿为先生所知，骤引至执政，洎先生再相，苟可以中先生，无不为也。……（荆公）退居金陵，始悔恨为惠卿所误。”（《宋史·奸臣传》亦云：“惠卿既叛安石，凡可以害王氏者无不为。”）在王安石所重用的推行变法的朝臣中，有居心叵测、寡廉鲜耻的奸佞小人，范仲淹所说“奸邪之凶，甚于夷狄之患”，这也是熙宁变法失败的一个原因。在“今之郡长，鲜克尽心”“其间纵有良吏，百无一二”这样的吏治状况下，王安石强力推行经济上的改革，免不了在地方上遇到梗阻，也免不了郡县之官假新法之名而徇私枉法，与民争利，盘剥百姓，搞得“纷纷扰扰，莫安其居”（《司马温公文集》卷十《与王介甫书》），这也成为攻击新法的口实，而拥护者则处于不能因“枉法”而“废法”的守势。

与“荆公新学”在思想、学术上形成尖锐对立的是二程的洛学。程颐在《明道先生行状》中记述：

神宗素知先生名，召对之日，从容咨访……（先生）

> 前后进说甚多，大要以正心窒欲、求贤育材为先。先生不饰辞辨，独以诚意感动人主。神宗尝使推择人才，先生所荐者数十人，而以父表弟张载暨弟颐为首。所上章疏，子侄不得窥其藁。尝言：人主当防未萌之欲。……时王荆公安石日益信用，先生每进见，必为神宗陈君道以至诚仁爱为本，未尝及功利。神宗始疑其迂，而礼貌不衰。……荆公浸行其说，先生意多不合，事出必论列，数月之间，章数十上。尤极论者：辅臣不同心，小臣与大计，公论不行，青苗取息，卖祠部牒，差提举官多非其人及不经封驳，京东转运司剥民希宠不加黜责，兴利之臣日进，尚德之风浸衰等十余事。荆公与先生虽道不同，而尝谓先生忠信。先生每与论事，心平气和，荆公多为之动。而言路好直者，必欲力攻取胜，由是与言者为敌矣。(《河南程氏文集》卷十一)

这一段记述把洛学与荆公新学的关系概括得十分精要。兹把其内蕴的几层含义解读于下：

第一，二程洛学与荆公新学的分歧已非只是政见的不同，而是上升为“道不同”，宋学中“道学”与荆公新学以及后来永嘉功利之学的分歧，自程颢始。

第二，二程的思想与范仲淹的庆历新政有同亦有异，其所同者是都“以求贤育材为先”，所异者则是二程明确地把“格君心”即奉劝君主“正心窒欲”“以诚意感动人主”放在了更为根本的位置。这一点也为后来的朱熹、陆九渊所继承。朱熹说：“今日之事，第一且是劝得人主收拾身心，保惜精神，常以天下事为念，然后可以讲磨治道，渐次更张。如其不然便欲破去因循苟且之弊而奋然有为，决无此理。”（《朱文公文集》卷二十九《与赵尚书》）陆九渊也说：“古人所以不屑屑于间政适人，而必务有以格君心者，盖君心未格，则一邪黜，一邪登，一弊去，一弊兴，如循环然，何有穷已？及君心既革，则规模趋向有若燕越，邪正是非有若苍素，大明既升，群阴毕伏，是琐琐者，亦何足复污人牙颊哉？”（《陆九渊集》卷十《与李成之》）同程颢“前后进说甚多，大要以正心窒欲、求贤育材为先”一样，朱熹几次上封事也都是把奉劝君主“正心诚意”放在首位。宋孝宗淳熙十五年（公元 1188 年），朱熹再次进见，“是行也，有要之于路，以为正心诚意之论，上所厌闻，戒勿以为言，先生曰：吾生平所学，惟此四字，岂可隐默以欺吾君乎？”（《宋元学案·晦翁学案上》）

儒家对于“格君心”，除了“以诚意感动人主”之外，另一种方式就是以“天人灾异”警诫君主，这一点即使在范仲淹、二程、朱熹等人的上书言事中也都不能免（虽然他们在哲学理论上并不真的认为“天”有意志）。但王安石强力推行新法，提出了“天变不足畏，祖宗不足法，人言不足恤”，这也大为反对派所诟病。《宋元学案·荆公新学略》载刘元城说：“金陵三不足之说……非独为赵氏祸，为万世祸。人主之势，天下无能敌者，人臣欲回之，必思有大于此者把揽之。今乃教之不畏天变，不法祖宗，不恤人言，则何事不可为也？”又载陈右司说：“阴阳灾异之说，虽儒者不可泥，亦不可全废。王介甫不用，若为政依之，是不畏天者也。”直到后来的王夫之，也仍认为王安石的“三不足”之说是“祸天下而得罪于名教”(《读通鉴论》卷二十九)。

第三，程颢劝说宋神宗“正心窒欲”，“人主当防未萌之欲”，“陈君道以至诚仁爱为本，未尝及功利”，这已经突出了宋明道学的“理欲之辨”“义利之辨”的思想。程颢之所以反对王安石的新法，除了“辅臣不同心，小臣与大计，公论不行”等原因外，最根本的则是王安石的新法使“兴利之臣日进，尚德之风浸衰”，这也就是说，道学与王安石新法的分歧是“理欲之辨”“义利之辨”的道义原则上的分歧。从这种意义上说，王安石新学的为害程度甚至超过了释老“异教之害”。二程说：

> 在今日，释氏却未消理会，大患者却是介甫之学。……如今日，却要先整顿介甫之学，坏了后生学者。(《河南程氏遗书》卷二上)
>
> 浮屠之术，最善化诱，故人多向之。然其术所以化众人也，故人亦有向有不向者。如介甫之学，它便只是去人主心术处加功，故今日靡然而同，无有异者，所谓一正君而国定也。此学极有害。以介甫才辩，遽施之学者，谁能出其右？始则且以利而从其说，久而遂安其学。今天下之新法害事处，但只消一日除了便没事。其学化革了人心，为害最甚，其如之何！故天下只是一个风，风如是，则靡然无不向也。(《河南程氏遗书》卷二下)

二程排斥佛教，认为佛教“卒归乎自私自利之规模”(《河南程氏遗书》卷十五)。王安石新学之害之所以超过了释氏之害，其一是因为释氏只是以其术“化众人”，而王安石新学却是以功利动“人主心术”，君心一动，则天下“靡然而同”，此其“极有害”之一也。其二，以王安石之才辩，将功利之学“遽施之学者”，“其学化革了人心”，带坏了“后生学者”，带坏了天下风气，这不是随着新法的废止所能消除的。故其“为害最甚”，“整顿介甫之学”遂成为二程洛学的一大急务。

二程洛学与荆公新学的分歧，已超出了庆历新政与熙宁变法的分歧。范仲淹的庆历新政虽然有本末、源流之分，但范仲淹并不远于“功利”，也不排斥“人欲”。在范仲淹所作的《政在顺人心赋》中，他只是强调“在上者弗私其欲”，而明主施政“务材训农，皆因民之所利，布德行惠，常舍己以从人……上克承于天道，下弗违于民欲”（《范文正公集·别集》卷三）。在范仲淹临终所上的《遗表》中，他也希望君主“上承天心，下徇人欲，明慎刑赏而使之必当，精审号令而期于必行”。这种不排斥功利、人欲的思想，与李觏的思想有相同处（李觏说：“利可言乎？曰：人非利不生，曷为不可言？欲可言乎？曰：欲者人之情，曷为不可言？言而不以礼，是贪与淫，罪矣。不贪不淫而曰不可言，无乃贼人之生，反人之情，世俗之不喜儒以此。”见《李觏集》卷二十九《原文》），而与宋明道学家所严持的“义利之辨”（程颐说：“不独财利之利，凡有利心，便不可。”见《河南程氏遗书》卷十六），所强调的“穷天理，灭人欲”并不合拍。到了明清时期，罗钦顺说：“夫性必有欲，非人也，天也。既曰天矣，其可去乎？”（《困知记》三续）王夫之说：“礼虽纯为天理之节文，而必寓于人欲以见。

……于声色臭味，廓然见万物之公欲，而即为万物之公理。”（《读四书大全说》卷八）戴震批评“理欲之辨，适成忍而残杀之具”，他认为：“道德之盛，使人之欲无不遂，人之情无不达，斯已矣。”（《孟子字义疏证》卷下）这些又是经过曲折之后而复归于宋学精神初创时期范仲淹所谓的“上承天心，下徇人欲”。

由于二程矫枉王安石的功利之学，所以程颢“每进见，必为神宗陈君道以至诚仁爱为本，未尝及功利”，亦因此，“神宗始疑其迂”。这种“疑其迂”，已经远远超过了庆历新政时期的“以远大为迂”。由于宋明道学家认定“格君心”是治世的“大根本”，此一“根本”不正，则无可“讲磨治道”，但“正心诚意之论，上所厌闻”，这种情况反激起道学家强调“吾生平所学，惟此四字”，而“间政适人”则成为“污人牙颊”的琐屑小事，因此，宋明道学对于治世之“实学”未免有所忽略，所谓“内圣强，外王弱”即指此也。宋明道学的这种倾向对于庆历新政时期的“明体达用之学”已经有所偏离。胡瑗在苏、湖讲学，按照范仲淹确立的“教以经济之业，取以经济之才”的教育方针，“科条纤悉具备，立经义、治事二斋……治事则一人各治一事，又兼摄一事，如治民以安其生，讲武以御其寇，堰水以利田，算历以明数是也”（《宋元学案·安定学案》）。胡瑗的“经义”之学，相当于今所谓素质教育；“治事”之学，则相当于今所谓专业教育。在宋明道学中，由于其“经义”即“体”的问题成为压倒一切的问题，而“义利之辨”“未尝及功利”，则使其“治事”即“用”的问题成为不及务或不当务的问题。其流风所及，至宋元之际和明清之际，已成为士风的一大弊病。周密在《癸辛杂识》中斥道学流弊："凡治财赋者，则目为聚敛；开阃捍边者，则目为粗才；读书作文者，则目为玩物丧志；留心政事者，则目为俗吏。"后来黄宗羲把这几句话接过来，又加上了"一旦有大夫之忧，当报国之日，则蒙然张口，如坐云雾，世道以是潦倒泥腐，遂使尚论者以为立功建业别是法门，而非儒者之所与也"（《南雷文定后集》卷三《赠编修弁玉吴君墓志铭》）。黄宗羲反对"离事功以言道德"，顾炎武亦主张"士当求实学，凡天文、地理、兵农、水火及一代典章之故，不可不熟究"（《亭林余集·三朝纪事阙文序》），由此而恢复了庆历时期的"治事"之学。

第四，二程洛学与荆公新学虽然"道不同"，但臣僚之间的关系最初并不是朋党敌对的关系。王安石肯定程颢的"忠信"，程颢"每与论事，心平气和，荆公多为之动"，只是由于"言路好直者，必欲力攻取胜"，新党遂"与言者为敌矣"。这一点也与庆历新政时期的朋党之争有相似之处。

《范文正公集·言行拾遗事录》卷一载："公为参知政事日，欧阳修、余靖、蔡襄、王素为谏官，时谓之四谏，四人力引石介，执政从之。公独曰：'介刚正天下所闻，然性亦好异，使为谏官，必以难行之事责人君必行，少咈其意，则引裾折槛，叩头流血，无所不为。主上富春秋，无失德，朝廷政事亦自修举，安用如此谏官也。'诸公服其言而罢。"范仲淹肯定石介的"刚正"，但不喜其"好异""以难行之事责人君必行"，这是为了避免激化矛盾。《宋元学案·泰山学案》载：石介

“著《唐鉴》，以戒奸臣、宦官、宫女，指切当时，无所忌讳”。庆历三年（公元 1043 年），吕夷简罢相，夏竦罢枢密使，范仲淹与富弼、韩琦、杜衍等同时执政，欧阳修、余靖、王素、蔡襄并为谏官，“（徂徕）先生喜曰，此盛事也，乃作《庆历圣德诗》，略曰：‘众贤之进，如茅斯拔。大奸之去，如距斯脱。’众贤指杜等，大奸斥竦也。泰山见之曰：‘子祸始此矣。’先生不自安，求出判濮州”。孙复知道石介的《庆历圣德诗》会激化范仲淹等人与吕夷简、夏竦之间的党争，故预见到石介会遭报复。

自从范仲淹于景祐三年（公元 1036 年）遭罢贬，“朋党之论起，朝士牵连，出语及公者皆指为党人”，“士大夫持二人（范仲淹与吕夷简）曲直，交指为党”（《范文正公集·年谱》）。庆历四年（公元 1044 年），宋仁宗与执政论及朋党事，范仲淹说：“方以类聚，物以群分，自古以来邪正在朝，未尝不各为一党，不可禁也，在圣上鉴辨之耳。诚使君子相朋为善，其于国家何害？”（《范文正公集·年谱》）虽然范仲淹认为“朋党”是正常的事，但党争一旦激化，则“君子之于小人，未能及其毫毛；而小人之于君子，其祸常大”（《朱子语类》卷一二九）。

熙宁变法时期，“言路好直者，必欲力攻取胜”，遂使党争又行激化。“先生（程颢）言既不行，恳求外补……既而神宗手批，暴白同列之罪，独于先生无责，改差签书镇宁军节度判官事。”（《明道先生行状》）后来程颢论及这段党争，说：“王介甫性狠愎，众人以为不可，则执之愈坚。……使众君子未与之敌，俟其势久自缓，委屈平章，尚有听从之理，则小人无隙以乘，其为害不至此之甚也。”（邵伯温：《闻见前录》卷十五）由于“辅臣不同心”，道德之士日退，趋利之臣日进，以致“小臣与大计，公论不行”，这不仅加剧了新法之害，而且加剧了党争之烈。神宗去世、熙宁变法被废止后，司马光执政，排除新党，而旧党中又有洛党、蜀党、朔党之争。宋哲宗亲政以后，章惇、蔡京等先后执政，把旧党都打入元祐党案，至南宋又转而为赵汝愚、朱熹等人的庆元党案，“此两宋治乱存亡之所关”（《宋元学案·元祐党案》），如朱熹所说：“小人谮君子，须加以朋党叛逆”，“如此，则一网可打尽”（《朱子语类》卷一二九）。有了这两次党禁，诸君子被排斥在朝廷权力之外，此所以宋学精神中的“革新政令”至荆公而止。

南宋时吕中论庆历新政与熙宁变法的关系及其对宋代治乱得失的影响，颇为警切，值得深思：“自范文正天章阁一疏不尽行，所以激而为熙宁之急政。……呜呼！使庆历之法尽行，则熙、丰、元祐之法不变；使仲淹之言得用，则安石之口可塞。今仲淹之志不尽行于庆历，安石之学乃尽用于熙、丰。神宗锐然有志，不遇范仲淹而遇王安石，世道升降之会，治体得失之几，于是乎决矣！”（《宋大事记讲义》卷一）

## 四、庆历新政与复兴儒学

范仲淹的庆历新政开宋学精神的“革新政令”与“创通经义”之两端，并且寄其精神于学校。“革新政令”至荆公而止，“创通经义”与兴办学校则使儒学得以复兴，成就了宋元明时期的新儒学。范仲淹可谓宋代复兴儒学的第一人。

范仲淹具有鲜明的民本意识，这与其青少年时期的经历有关。他少小而孤，从母在异姓家中长大，《范文正公集·年谱》记载他二十一岁始寄居长白山僧舍苦学，在此之前可能因贫寒而无缘于读书，当他二十七岁登进士第时，仍是“长白一寒儒”。这种经历使他深知民间疾苦、社会利病。他“少有大节”，“慨然有志于天下”，在进入仕途后，始终“忧其君”“忧其民”，而“忧其君”也是忧君主不能“进贤授能”，为民行善政。

“民”在范仲淹的思想中，就是士、农、工、商“四民”。在他所作的《四民诗》中，他对农（“制度非唐虞，赋敛由呼吸。伤哉田桑人，常悲大弦急。一夫耕几垄，游堕如云集。一蚕吐几丝，罗绮如山入”）、工（“可甚佛老徒，不取慈俭书。竭我百家产，崇尔一室居”）、商（“桑柘不成林，荆棘有余春。吾商则何罪，君子耻为邻”）在当时所受的压迫、所处的窘境，给予了深深的理解和同情（流传较广、童稚能诵的《江上渔者》“江上往来人，但爱鲈鱼美。君看一叶舟，出没风波里”，也是他“忧其民”的心怀袒露）。他所希望的是进行改革：“琴瑟愿更张，使我歌良辰。”

作为“四民”之一的“士”，是范仲淹自身所处的一个阶层。他认为“士”在社会中所应得到的待遇是：“前王诏多士，咸以德为先。道从仁义广，名由忠孝全。美禄报尔功，好爵縻尔贤。黜陟金鉴下，昭昭媸与妍。”（《四民诗》）也就是说，君主要以仁义忠孝、贤能功绩为标准而授予“士”之爵禄，“进贤授能”，与君主“共理天下”。但是，当时的境况却是“此道日以疏，善恶何茫然”（《四民诗》），也就是说，自秦汉以来，儒家之“道”日益荒疏，善恶失去准衡，“士”之升迁黜陟不是以仁义忠孝、贤能功绩为标准。虽然“君子不斥怨，归诸命与天”，但是“术者乘其隙，异端千万惑”，由此造成了士风与吏治的败坏：“学者忽其本，仕者浮于职。节义为空言，功名思苟得。天下无所劝，赏罚几乎息。”这种境况给儒学带来的危害是：“禅灶方激扬，孔子甘寂默。六经无光辉，反如日月蚀。”（《四民诗》）这里的“禅灶”（春秋时期郑国言“阴阳灾异”者，子产以“天道远，人道迩”批判之）喻指佛老。范仲淹在此所说的佛老“激扬”、孔学“寂默”、“六经无光辉”，也正是稍后王安石与张方平的那段问答所反映的情况：“一日，（荆公）问张文定公曰：‘孔子去世百年生孟子，亚圣后绝无人，何也?’……文定曰：‘儒门淡薄，收拾不住，皆归释氏焉。’公欣然叹服。”（宗杲：《宗门武库》）在佛老激扬、“儒门淡薄”的情况下，范仲淹发出了复兴儒学的呼声：“大道岂复兴，此弊何时抑?”尽管是“昔多松柏心，今皆桃李色”，但是“愿言造物者，回此天地力”。范仲淹的庆历新政，就是要担当“造物者”之功，“回此天地力”，复兴儒学。

在范仲淹的思想中，民本、士风、吏治与复兴儒学是密切结合在一起的。要使“琴瑟更张”，百姓歌咏“良辰”，就必须端正士风，整饬吏治；而要整饬吏治，“举县令，择郡守”，又必须“慎选举”，即改革科举考试的方法，不是以辞赋、墨义来取士，而是据经旨、策论来选拔真正的人才，“取以经济之士”；而“取以经济之士”，又必须“敦教育”，即兴办学校，“教以经济之业”，授以“明体达用之学”。这种“明体达用之学”，已经不是“学者失其本”的“泛滥词章”，也不是“功名思苟得”的进士场屋之学，而是能够认明儒家之经旨而经世济民之学；它所培养出来的“士”，虽然须通过科举考试而进入仕途，但他们的目的不是考取“功名”、达身“富贵”（《范文正公集》卷二《鄱阳酬泉州曹使君见寄》：“吾生岂不幸，所禀多刚肠。身甘一枝巢，心苦千仞翔。志意苟天命，富贵非我望”），而是把儒家之道“举而措之天下，能润泽斯民”。这种儒家之“士”即孔门弟子曾参所谓“仁以为己任”者，把个人的祸福得失置之度外，“不以物喜，不以己悲”，仕途的顺逆沉浮不能改变其志向，故“居庙堂之高，则忧其民；处江湖之远，则忧其君”，他们将此作为自身的终极关怀、内在价值，因此，他们虽然“进亦忧，退亦忧”，但仍不失为“道义之乐”。这种“明体达用之学”，就是宋代所复兴的新儒学。

“宋初三先生”先后游仲淹之门，他们受范仲淹的激励、延聘和推荐，将其复兴儒学的精神付诸治学和讲学之中。据《范文正公集·年谱》，天圣三年（公元1025年），范仲淹在《奏上时务书》中已提出了“救文弊”“重三馆之选”。两年之后，他又在《上执政书》中明确提出了“慎选举，敦教育”，“呈试之日，先策论以观其大要，次诗赋以观其全才”，“深思治本，渐隆古道”。此时他正在南京应天府掌府学，“常宿学中，训督学者，皆有法度”，“明体达用”的教学之法在此时当已有其雏形。《范文正公集·年谱》引《东轩笔录》云：

> 公在睢阳（南宋时金改南京为睢阳）掌学，有孙秀才者索游，上谒公，赠钱一千。明年孙生复谒公，又赠一千。因问："何为汲汲于道路？"孙生戚然动色曰："母老无以养，若日得百钱，则甘旨足矣。"公曰："吾观子辞气非乞客，二年仆仆所得几何，而废学多矣。吾今补子为学职，月可得三千以供养，子能安于学乎？"孙生大喜。于是，授以《春秋》，而孙生笃学不舍昼夜，行复修谨，公甚爱之。明年公去睢阳，孙亦辞归。后十年间，泰山下有孙明复先生，以《春秋》教授学者，道德高迈，朝廷召至，乃昔日索游孙秀才也。（又见《宋元学案·泰山学案》附录）

这一段范仲淹与孙复的因缘际会，实乃宋代儒学复兴的一个重要契机。范仲淹对索游的"孙秀才"给予同情、帮助，补以学职，授以《春秋》，激励他"安于学"，这与范仲淹因自身的苦学经历而同情"寒儒"很有关系。《宋元学案·泰山学案》载：孙复"四举开封府籍，进士不第，退居泰山，学《春秋》，著《尊王发微》十二篇"。孙复在睢阳两次上谒范仲淹，当是孙复四举而进士不第之时，他在泰山"学《春秋》"，当始于范仲淹在睢阳"授以《春秋》"。孙复不负范仲淹所望，在泰山苦学十年，成为复兴儒学的"宋初三先生"之一。

《宋元学案·安定学案》载：胡瑗"七岁善属文，十三通五经，即以圣贤自期许。……家贫无以自给，往泰山与孙明复、石守道同学”。他生于宋太宗淳化四年（公元 993 年），十三岁时是公元 1006 年，而孙复离开睢阳时是宋仁宗天圣六年（公元 1028 年），也就是说，在胡瑗十三岁“通五经”之后，又经历了二十多年的贫困坎坷，然后往泰山与孙复、石介同学。《宋元学案·安定学案》载其在泰山苦学的情况：“攻苦食淡，终夜不寝，一坐十年不归。得家书，见上有‘平安’二字，即投之涧中，不复展，恐扰心也。”在此期间，“宋初三先生”相互砥砺，而范仲淹的“慎选举，敦教育”的思想当通过孙复而传达给了胡瑗、石介。

景祐二年（公元 1035 年），范仲淹在苏州，奏请立郡学，并且首先把自己所得南园之地建为“义学”，希望“天下之士咸教育于此”，“既成或以为太广，公曰：‘吾恐异时患其隘耳。’”（《范文正公集·年谱》）此年，范仲淹聘胡瑗“为苏州教授，诸子从学焉”（《宋元学案·安定学案》），同时亦给孙复写信，希望他到苏州“讲贯经籍，教育人材”（《范文正公集·年谱》）。此年末，范仲淹召还判国子监，朝廷更定雅乐，诏求知音者，范仲淹推荐胡瑗，“以白衣对崇政殿，授试秘书省校书郎”（《宋元学案·安定学案》）。此时，胡瑗四十二岁，经范仲淹的推荐，从“白衣”被授以学官之职。

康定元年（公元 1040 年），范仲淹为陕西经略安抚副使。在戎马倥偬中，他写有《举张问、孙复状》，说孙复“素负词业、经术，今退隐泰山，著书不仕，心通圣奥，迹在穷谷”，希望朝廷“赐召试，特加甄奖”（《范文正公集》卷十八）。同年，张载来谒，即《宋史·张载传》所云：张载“少喜谈兵，至欲结客取洮西之地。年二十一，以书谒范仲淹，一见知其远器，乃警之曰：‘儒者自有名教可乐，何事于兵！’因劝读《中庸》”。这也就是《宋元学案·序录》所说“导横渠以入圣人之室，尤为有功”。

庆历二年（公元1042年），朝廷依范仲淹、富弼的推荐，“以处士孙复为国子监直讲”（《范文正公集·年谱补遗》），此时孙复五十岁，距其离开睢阳已经十四年了。又据《宋元学案·泰山学案》：石介既为学官，“作《明隐篇》，以语于朝……于是范文正、富文忠皆言先生有经术，宜在朝廷，除国子监直讲，召为迩英殿祗候”。孙复被授以学官，与石介在朝廷中的宣传也有关。庆历三、四年（公元1043、1044年），在庆历新政推行之时，范仲淹写有《奏为荐胡瑗、李觏充学官》。亦在此时，“天子诏下苏、湖取其法，著为令。于太学召胡瑗为诸王宫教授，辞疾不行，寻为太子中舍，以殿中丞致仕”（《宋元学案·安定学案》）。

庆历年间，孙复、石介并为国子监直讲，而胡瑗的教学之法也被朝廷所肯定和推广。“宋初三先生”与庆历新政的关系，于此得到充分显现。随着庆历新政的夭折，石介被迫害致死，孙复亦遭诬陷被罢贬。后来，孙复得以复职，“稍迁殿中丞，年六十六卒”（《宋元学案·泰山学案》）。胡瑗则在皇祐二年（公元1050年）再次被召，参与“作乐事”，受到朝廷的嘉奖。嘉祐元年（公元1056年），胡瑗“擢太子中允、天章阁侍讲，仍专管句太学。四方之士归之，至庠序不能容，旁拓军居以广之。既而疾作，以太常博士致仕。东归之日，弟子祖帐，百里不绝，时以为荣”（《宋元学案·安定学案》）。虽然庆历新政夭折了，但其“慎选举，敦教育”的思想因胡瑗执掌太学而得以延续和光大，并且形成与荆公新学相抗衡的一股势力。《宋元学案·安定学案》载：

> 是时礼部所得士，先生弟子，十常居四五，随材高下而修饰之。人遇之虽不识，皆知为先生弟子也。在湖学时，福唐刘彝往从之，称为高弟。后熙宁二年，神宗问曰：“胡瑗与王安石孰优？”对曰：“臣师胡瑗以道德仁义教东南诸生，时王安石方在场屋中，修进士业。臣闻圣人之道有体、有用、有文。君臣父子、仁义礼乐，历世不可变者，其体也；诗书史传子集，垂法后世者，其文也；举而措之天下，能润泽斯民，归于皇极者，其用也。国家累朝取士，不以体用为本，而尚声律浮华之词，是以风俗偷薄。臣师当宝元、明道之间，尤病其失，遂以明体达用之学授诸生，夙夜勤瘁，二十余年专切学校，始于苏、湖，终于太学。出其门者，无虑数千余人。故今学者明夫圣人体用，以为政教之本，皆臣师之功，非安石比也。”

熙宁变法时，胡瑗的弟子在朝中“十常居四五”，这是一股与荆公新学相抗衡的势力，故而宋神宗有“胡瑗与王安石孰优”之问。刘彝把胡瑗的“明体达用之学”表达得十分清楚，说胡瑗的教授学者之功非王安石可比，这也是事实；但说“今学者明夫圣人体用，以为政教之本，皆臣师之功”，却未免尊其师而忽略了范仲淹的重要作用。胡瑗“专切学校，始于苏、湖”，其在苏州讲学即在“明道”（实为景祐）年间，在湖州讲学即在宝元年间。而天圣三年（公元 1025 年），即胡瑗在苏州讲学的十年之前，范仲淹就已在《奏上时务书》中提出了“救文弊”的思想，指出“文章之薄，则为君子之忧；风化其坏，则为来者之资”，批评当时“修辞者不求大才，明经者不问大旨。师道既废，文风益浇”，并且强调“其源未澄，欲波之清，臣未之信也”。两年之后，范仲淹在《上执政书》中提出“慎选举，敦教育”的思想，主张“深思治本，渐隆古道”，期以行之数年而使“士风丕变”。又三年之后，范仲淹在《上时相议制举书》中提出“宗经则道大，道大则才大，才大则功大”，主张通过改革科举而“使天下贤俊，翕然修经济之业，以教化为心，趋圣人之门，成王佐之器”。又五年之后，范仲淹在苏州立郡学，胡瑗始应聘而专切于学校。刘彝所说“国家累朝取士，不以体用为本，而尚声律浮华之词，是以风俗偷薄”，胡瑗“尤病其失”，实际上，范仲淹“尤病其失”比胡瑗早十年。胡瑗“以明体达用之学授诸生”，这是本于范仲淹的“敦教育”思想。“今学者明夫圣人体用，以为政教之本”，这除了胡瑗的教授之功外，还应归功于范仲淹的首倡敦教育、立郡学。若无范仲淹的延聘和推荐，胡瑗也不可能“始于苏、湖，终于太学”，成一时教育之盛事。

由于范仲淹和“宋初三先生”等人的共同努力，庆历新政确立了“明体达用之学”，成就了儒学的复兴之势。范仲淹说“大道岂复兴，此弊何时抑”，当时思想文化上的“弊”就是儒门淡薄，佛老激扬。儒门之所以淡薄，是因为朝廷以辞赋、墨义取士，致使“学者忽其本”，“功名思苟得”；而佛老激扬，则是因为“术者乘其隙，异端千万惑”。要抑制佛老，就必须使学者“明体达用”，把儒学从声律浮华之词、场屋功名之学中拯救出来。欧阳修于庆历二年（公元 1042 年）作有《本论》，提出“佛所以为吾患者，乘其阙废之时而来，此其受患之本也”，排佛“莫若修其本以胜之”，“礼义者，胜佛之本也”（《居士集》卷十七）。庆历新政确立儒者的“明体达用之学”，即是从“本”上复兴儒学，抑制佛老。孙复作有《儒辱》一文，认为“佛老之徒横于中国”，是“儒者之辱”。他在《与范天章书》中说：“国家踵隋唐之制，专以词赋取人，故天下之士皆致力于声病对偶之间。探索圣贤之阃奥者，百无一二。而非挺然特出、不徇世俗之士，孰克舍彼而取此。”（《宋元学案·泰山学案》。范仲淹于景祐二年、公元 1035 年冬为天章阁待制，《与范天章书》是孙复与范仲淹往来书信之一。）石介也“尝患文章之弊，佛老为蠹，著《怪说》三篇及《中国论》，言去此三者，乃可以有为”（《宋元学案·泰山学案》。“三者”即文章之弊与佛老）。钱穆先生就此指出：明体达用之学“正宋儒所以自立其学，以异于进士场屋之声律，与夫山林释老之独善其身而已者也”，“盖自唐以来之所谓学者，非进士场屋之业，则释道山林之趣，至是而始有意于为生民建政教之大本，而先树其体于我躬，必学术明而后人才出，题意深长，非偶然也”①。

“明体达用之学”不同于进士场屋之学，其意义又可解析为二：

其一，“明体达用之学”虽然是为政教立本，但因其不是为了功名之苟得，所以它亦有相对独立于科举、政教的性质。也就是说，它的价值不必非要通过科举、进入仕途、入帝王之“彀”中才能实现，它自身亦有“道义之乐”的内在价值。这一点在科举制度下实非常重要，因为国家官僚机构的职位有限，科举取士毕竟只能录取士阶层中的极少数，而绝大多数士人免不了终身是一寒儒、白衣、处士。以往的儒门之所以淡薄，正是因为科举竞争的激烈，使“修辞者不求大才，明经者不问大旨”，当功名之心磨炼得淡泊之后，就免不了归佛入老，闲适山林。“明体达用之学”要将儒家之道“举而措之天下，能润泽斯民”，此其所以不同于佛老；同时，它也为未能进入仕途或从仕途遭贬的士人提供了一种能够安身立命、自有“道义之乐”的思想境界，此其所以能把广大士人从佛老吸引到儒门。宋明新儒学就是以此来排斥佛老，“收拾”人才。

范仲淹虽然二十七岁登进士第，但他不图富贵，“不以物喜，不以己悲”，“先天下之忧而忧，后天下之乐而乐”，“居庙堂之高，则忧其民；处江湖之远，则忧其君”，“屡亦见用，然每用必黜之，黜则忻然而去，人未始见其有悔色”，当其晚年，

---

① 钱穆：《中国近三百年学术史》，3 页。参见程颐所说：“今之学者有三弊：一溺于文章，二牵于训诂，三惑于异端。苟无此三者，则将何归？必趋于道矣。”（《河南程氏遗书》卷十八）

子弟要为他“治第洛阳，树园圃，以为逸老之地”时，他说：“人苟有道义之乐，形骸可外，况居室乎！”这正是宋明新儒学为广大士人提供的一种不同于佛老的思想境界。范仲淹在《岳阳楼记》中说“予尝求古仁人之心，或异二者之为”，此“二者”即：“登斯楼也，则有去国怀乡，忧谗畏讥，满目萧然，感极而悲者”，以及“有心旷神怡，宠辱偕忘，把酒临风，其喜洋洋者”。这“二者”或感人生际遇之悲，或喜心契自然之乐，实是喻指佛老。宋明新儒学开创了一种有异于“二者”的思想境界。

孙复四举而进士不第，受范仲淹的激励而“安于学”，至庆历二年（公元1042年）他五十岁时才以处士为国子监直讲，他也正是其所谓“挺然特出、不徇世俗之士”。石介既为学官，作《明隐篇》，以语于朝曰：

> 孙明复先生，畜周孔之道，非独善一身，而兼利天下者也。四举而不得一官，筑居泰山之阳，聚徒著书，种竹树桑，盖有所待也。古之贤人有隐者，皆避乱世而隐者也。彼所谓隐者，有匹夫之志，守硁硁之节之所为也，圣人之所不与也。先生非隐者也。（《宋元学案·泰山学案》）

于是范仲淹、富弼推荐孙复“有经术，宜在朝廷”。庆历新政改革科举，意在鼓励孙复这样的学人，把其中的佼佼者选拔到朝廷的大臣和郡守队伍中，但这样的学人只是“宜”在朝廷，其中的大多数仍免不了“有所待也”。因此，确立“道义之乐”的内在价值，对于这些士人是非常重要的。他们虽然没有进入仕途，但不是传统意义上的“隐者”，而是“探索圣贤之阃奥”、忧国忧民而又有“道义之乐”的儒家之士。

二程早年受学于周敦颐，“每令寻颜子、仲尼乐处，所乐何事”（《河南程氏遗书》卷二上）。周敦颐后来被尊为理学之开山，他让二程所寻的“孔颜乐处”就是一种“道义之乐”的思想境界。

程颐“始冠，游太学”，胡瑗以《颜子所好何学论》试诸生，得程颐之作，“大惊异之，即请相见，遂以先生为学职”。程颐在此论中说：“颜子所独好者，何也？学以至圣人之道也。……凡学之道，正其心，养其性而已。中正而诚，则圣矣。”（《河南程氏文集》卷八）程颐体会出，要得到“孔颜乐处”，就必须“正其心，养其性”，具有“中正而诚”的思想境界。注重心性修养并且开掘儒家的心性理论，这是庆历新政为宋明新儒学启示的一个发展方向（范仲淹劝张载读《中庸》，说“儒者自有名教可乐”，《范文正公集》卷二十有《省试自诚而明谓之性赋》，亦是启示这一方向）。《宋元学案·安定学案》载黄百家案：胡瑗对程颐“知契独深”，“伊川之敬礼先生亦至。于濂溪，虽尝从学，往往字之曰‘茂叔’，于先生，非‘安定先生’不称也”。程颐敬礼胡瑗，而胡瑗曾与孙复、石介同学，此所以《宋元学案》“托始于安定、泰山者，其意远有端绪”（《宋元学案·序录》）。

其二，“明体达用之学”不同于科举场屋之学，从经学发展的意义上说，就是贬斥“墨义”，而直接领会儒家的经旨、经义，从而开辟了经学历史的“变古时代”。范仲淹“泛通六经，长于《易》”。其所谓“泛通”，就是领会六经之大旨、大义，而不是矻矻于经书的章句训诂。他“长于《易》”，著有《易义》一篇，解释了乾、咸、恒、遁等二十七卦的卦义，另有《四德说》《穷神知化赋》《乾为金赋》《易兼三材赋》《天道益谦赋》《水火不相入而相资赋》等。其易学著作以义、说、赋的形式写出，这也很见范仲淹的学风特色。在《易兼三材赋》中，他说：

昔者有圣人之生，建《大易》之旨，观天之道，察地之纪，取人于斯，成卦于彼，将以尽变化云为之义，将以存洁静精微之理。(《范文正公集·别集》卷三)

他所注重的就是“《大易》之旨”，认为《易经》兼天、地、人三材之“道”，包含了“变化云为之义”“洁静精微之理”。“旨”“道”“义”“理”，这是范仲淹易学著作的几个关键词。在《天道益谦赋》中，他说：

士有探造化之真筌，察盈虚于上天，虽秉阳之功不宰，而益谦之道昭宣，万物仰生，否者由斯而泰矣。……原夫杳杳天枢，恢恢神造，损有余而必信，补不足而可考。是故君子法而为政，敦称物平施之心；圣人象以养民，行哀多益寡之道。……究至理之本，贵必始之于贱，益乃生之于损。既人事之在斯，又天道之奚远。高者抑而下者，举一气无私；往者屈而来者，伸万灵何遁。……我后上德不矜，至仁博施，实兆民之是赖，无一物之不遂。贵退让而黜骄盈，得天道益谦之义。(《范文正公集·别集》卷三)

范仲淹从《易经》所讲的“造化之真筌”中，领会出“天道益谦之义”。在他看来，“天道”与“人事”是相通的，天道的“损有余而补不足”，圣人君子效而法之，就应该在为政、养民中“称物平施”，“裒多益寡”。这反映了他的民本思想和社会改革意识。他希望君主能够认识“贵必始之于贱，益乃生之于损”的道理，从而“上德不矜，至仁博施”。在他所作的《君以民为体赋》中，他也强调君主应该“每视民而如子，复使臣而以礼，故能以六合而为家，齐万物于一体”（《范文正公集·别集》卷三）。

范仲淹还作有《老子犹龙赋》《圣人抱一为天下式赋》等，在他晚年还作有一篇《十六罗汉因果识见颂序》，记其在陕西任宣抚使时，偶得佛书《因果识见颂》，“其字皆古隶书，乃藏经所未录”，此书“直指死生之源，深陈心性之法”，读后“胸臆豁然”（《范文正公集·别集》卷四）。这表明在范仲淹的思想中也有吸收佛老因素的倾向。

从经学史上说，范仲淹所讲的经旨、经义可能算不上有什么地位，即使是“宋初三先生”也只是初启了一个方向。这个方向就是庆历新政的“慎选举，敦教育”所确立的方向，它改变了“修辞者不求大才，明经者不问大旨”的学风，将认明“经旨”“理道”置于“墨义”“辞藻”之上，从而开辟了经学历史的“变古时代”。王应麟说：

> 自汉儒至于庆历间，谈经者守训故而不凿。《七经小传》出而稍尚新奇矣，至“三经义”行，视汉儒之学若土梗。（《困学纪闻》卷八《经说》）

《七经小传》为刘敞所作，他于庆历六年（公元1046年）中进士，其书一反汉唐章句注疏之学，多以己意而论断经义，后来朱熹曾评论“《七经小传》甚好”（《四库全书总目提要》卷三十三）。刘敞的学风正是庆历新政对学人发生影响的反映。王安石继范仲淹之后，批评科举考试“策进士则但以章句声病，苟尚文辞，类皆小能者为之；策经学者徒以记问为能，不责大义，类皆蒙鄙者能之”（《王安石全集》卷六十九《取材》），熙宁变法时“罢诗赋及明经诸科，以经义、策论试进士”，并把“三经义”颁布于学官。至此，“视汉儒之学若土梗”，这一重大转变应该溯源于庆历新政。皮锡瑞在《经学历史》中将庆历以后称为“经学变古时代”，他据王应麟所说，“经学自汉至宋初未尝大变，至庆历始一大变也”；又引陆游说，“唐及国初，学者不敢议孔安国、郑康成，况圣人乎？自庆历后，诸儒发明经旨，非前人之所及”①。这一重大转变始自庆历新政，“诸儒发明经旨”即钱穆先生所说宋学之“创通经义”，“其事至晦庵而遂”，朱熹成为宋代经学和理学的集大成者。

“明体达用之学”既为政教立本，又有相对独立于科举、政教的性质，则其精神所寄必在于学校。范仲淹对此有明确的认识，他的一生也对此付出尤多，堪称一位伟大的教育家。

范仲淹二十一岁寄居长白山僧舍苦学两年，这相当于他的大学预备班；此后在南都学舍苦学五年，完成了他“大通六经之旨”的学业。这种经历使他以后极其重视兴办学校，罗致教授，培养人才，而庆历新政首先侧重的“举县令，择郡守”又

① 皮锡瑞：《经学历史》，220页，北京，中华书局，1959。

必须以“慎选举，敦教育”为本源。范仲淹登进士第后，调广德军（今安徽广德）任司理参军，“初广德人未知学，公得名士三人为之师，于是郡人之擢进士第者相继于时”，以后徽学的兴盛，范仲淹与有功焉。天圣五年（公元1027年），范仲淹执掌南都府学，“常宿学中，训督学者，皆有法度”，在此写有《代人奏乞王洙充南京讲书状》，指出“致治天下，必先崇学校，立师资，聚群材，陈正道”（《范文正公集》卷十八）。景祐二年（公元1035年），范仲淹在苏州奏请立郡学，并将所得南园之地辟为学校，聘胡瑗为教授，由是而有苏、湖之法。苏州有郡学，自范仲淹始；东南学术之盛，亦自苏州建学始。景祐三年（公元1036年），范仲淹知饶州（今江西鄱阳），在此建郡学，“生徒浸盛”，邀李觏到此讲学。景祐四年（公元1037年），范仲淹徙知润州（今江苏镇江），又在此建郡学，再邀李觏。宝元元年（公元1038年），范仲淹徙知越州（今浙江绍兴），第三年李觏应召到越州讲学。庆历三、四年（公元1043、1044年），推行庆历新政，在京师立太学，诏各州县皆立学，取苏、湖之法著为令，奏请胡瑗、李觏入太学。庆历五年（公元1045年），范仲淹知邠州（今陕西郴州），在此作《邠州建学记》云：“国家之患莫大于乏人。……庠序可不兴乎？庠序者，俊乂所由出焉。”（《范文正公集》卷七）皇祐元年（公元1049年），范仲淹知杭州，两次推荐李觏入太学，李觏被授为太学助教，后嘉祐四年（公元1059年），胡瑗以病告假，李觏入京管勾太学。

范仲淹在仕途中数进数退，所经之地有今安徽、河南、江苏、江西、浙江、陕西、甘肃、山西、山东等省份。他在南都，亲掌府学；居庙堂之高，则在京师立太学；处江湖之远，则每到一地，必建学兴教，“立师资，聚群材，陈正道”。宋学精神之所寄在书院，范仲淹对于宋代书院的兴起有开创奠基之功。

# 范仲淹与宋学之开端

宋学之开端，按《宋元学案》，其始于安定（胡瑗）、泰山（孙复）和徂徕（石介）；在此“宋初三先生”之后，则有高平（范仲淹）和庐陵（欧阳修）等。这一顺序实际上并不符合史实。王梓材的按语已多少说明了这一点：“高平行辈不后于安定、泰山，而庐陵亦当时斯道之疏附也。谢山以梨洲编次学案，托始于安定、泰山者，其意远有端绪，故以高平、庐陵次之。”（《宋元学案·序录》）又云：“安定、泰山诸儒皆表扬于高平”（《高平学案》），“胡（瑗）、孙（复）、石（介）、李（觏）四先生皆在文正门下”（《泰山学案》）。依王氏的按语，高平（范仲淹）实应居于宋学之开端的地位。这里的曲折，本文辨正如下，并对“庆历之际，学统四起”与范仲淹、胡瑗的关系略做疏解。

## 一、范仲淹与“宋初三先生”

《宋元学案》“托始于安定、泰山者”，此“托始”由黄宗羲（梨洲）所定。“其意远有端绪”，当即为了突出宋代以二程之“伊洛渊源”为主的学统。如黄百家所说：“（安定）先生在太学，尝以《颜子所好何学论》试诸生。先生得伊川作，大奇之，即请相见，处以学职，知契独深。伊川之敬礼先生亦至。于濂溪，虽尝从学，往往字之曰‘茂叔’；于先生，非‘安定先生’不称也。”（《宋元学案·安定学案》）因为胡瑗与程颐有这样一种特殊的关系，所以将胡瑗“托始”为《宋元学案》之首。在《宋元学案》标示学术传承的“表”中，胡瑗之下就是程颐，此学统之源流甚为明显。然而，这一“托始”却掩盖了范仲淹作为宋学之开创者的地位。

全祖望所作《宋元学案·序录》云：

> 宋世学术之盛，安定、泰山为之先河，程、朱二先生皆以为然。……小程子入太学，安定方居师席，一见异之。讲堂之所得，不已盛哉！述《安定学案》。
>
> 泰山之与安定，同学十年，而所造各有不同。……而泰山高弟为石守道（石介），以振顽懦，则岩岩气象，倍有力焉。抑又可以见二家渊源之不紊也。述《泰山学案》。

因胡瑗与程颐有上述之关系，又因孙复与胡瑗“同学十年”，而石介是孙复之高弟，所以《宋元学案》便“托始于安定、泰山”，而“宋初三先生”便成为宋学之开端。此中之根据就是“程、朱二先生皆以为然”，但实际上这主要本于黄震的《黄氏日抄》。黄百家引“先文洁公”（黄震）曰：

> 宋兴八十年，安定胡先生、泰山孙先生、徂徕石先生，始以其学教授，而安定之徒最盛，继而伊洛之学兴矣。故本朝理学虽至伊洛而精，实自三先生而始，故晦庵

有伊川不敢忘三先生之语。(《宋元学案·泰山学案》)

此条引文出自《黄氏日抄》卷四十五。而黄震之说又是本于朱熹所论：

本朝道学之盛……亦有其渐，自范文正以来已有好议论，如山东有孙明复，徂徕有石守道，湖州有胡安定，到后来遂有周子、程子、张子出。故程子平生不敢忘此数公，依旧尊他。(《朱子语类》卷一二九)

黄震所说“晦庵有伊川不敢忘三先生之语”，显然就是本于朱熹所说“程子平生不敢忘此数公”。但这里的差异是，在朱熹所论道学兴起之“渐”中原有“自范文正以来已有好议论”，而黄震将此删略了①。朱熹对范仲淹的评价还有：

本朝……至范文正方厉廉耻，振作士气。(《朱子语类》卷一二九)

至范文正时便大厉名节，振作士气，故振作士大夫之功为多。(《朱子语类》卷一二九)

范文正杰出之才。(《朱子语类》卷一二九)

且如一个范文正公，自做秀才时便以天下为已任，无一事不理会过。一旦仁宗大用之，便做出许多事业。(《朱子语类》卷一二九)

依朱熹所论，范仲淹实为宋学之开端，而胡瑗、孙复、石介等

---

① 黄震亦有对范仲淹的高度评价，如《黄氏日抄》卷三十九有云：“本朝人物，范文正公本朝第一等人。”类此，南宋时吕中在《宋大事记讲义》卷十亦有云：“先儒论宋朝人物，以范仲淹为第一。”

只是列属在“自范文正以来已有好议论”之下。黄宗羲、黄百家父子依“先文洁公”之说，把范仲淹省略掉，是其述宋代学术思想史的一个疏误。

据彭国翔教授所作《黄宗羲佚著〈理学录〉考论》[1]，现传《宋元学案》和《明儒学案》皆发源于黄宗羲的《理学录》，而《理学录》所述十六个学派是以“濂溪学派”为开端。今本《宋元学案》的成书过程是，先有《理学录》中的宋元部分，然后有梨洲原稿《宋元儒学案》，再有全祖望的修订增补，最后有王梓材、冯云濠的“整比讹舛，修辑缺遗”。梨洲原稿《宋元儒学案》与《理学录》的一个重要不同，就是在《濂溪学案》之前述有《安定学案》《泰山学案》等。如彭国翔教授在《黄宗羲佚著〈理学录〉考论》中所说：“从《理学录》到《宋元学案》中‘黄氏原本’部分的变化，表明梨洲的理学正统意识其实已经有所淡化。谢山修订增补的意义，较之梨洲而言与其说是另起炉灶，不如说是既有方向的有力推进和突破。”

“黄氏原本”虽然在《濂溪学案》之前“托始”于安定、泰山，但是并没有立《高平学案》和《庐陵学案》。这两个学案是“梨洲原本所无，而为谢山特立者”，即所谓“全某补本”(《宋元学案刊例》)。全祖望说：

> 晦翁推原学术，安定、泰山而外，高平范魏公其一也。高平一生粹然无疵，而导横渠以入圣人之室，尤为有

① 此文原刊于《文化与历史的追索——余英时教授八秩寿庆论文集》(台北，联经出版公司，2009)，简体字版载《中共宁波市委党校学报》，2011 (4)。

> 功……述《高平学案》。(梓材案:《高平学案》,谢山所特立……安定、泰山诸儒皆表扬于高平……)(《宋元学案·序录》)

全祖望确实没有“另起炉灶”,而是仍沿袭了黄氏原本的“托始”于安定、泰山,他是在这两个学案之后补立了《高平学案》。其云“安定、泰山而外,高平范魏公其一也”,此语有误导作用,他把范仲淹说成安定、泰山而“外”的一支,这就把范仲淹与胡瑗、孙复的关系给遮蔽了。而王梓材所说“安定、泰山诸儒皆表扬于高平”,又云“胡、孙、石、李(觏)四先生皆在文正门下”(《宋元学案·泰山学案》),则是符合史实的。实际上,如果讲明了范仲淹与“宋初三先生”的关系,则范仲淹为宋学之开端的地位可以确立无疑①。

朱熹所编《三朝名臣言行录》卷十一记:“文正公门下多延贤士,如胡瑗、孙复、石介、李觏之徒,与公从游,昼夜肄业。”(此又见《宋史·范仲淹传》所附范纯仁传,又被《宋元学案·泰山学案》王梓材按语所引。)这才是范仲淹与“宋初三先生”之关系的真实情况,即胡瑗、孙复、石介以及李觏都是范仲淹门下的“贤士”。

《宋元学案·序录》云:“庆历之际,学统四起。”宋学之开端实即以“庆历之际”为渊薮,而范仲淹乃是庆历新政的推行者,亦是庆历之际新学风的首倡者。早在宋仁宗天圣三年(公元1025年),范仲淹在《奏上时务书》中就提出了“救文

---

① 参见拙文《范仲淹与宋代儒学的复兴》,载《哲学研究》,2003(10);《范仲淹与宋代新儒学》,载《湖南大学学报》,2008(1)。

弊”“复武举”“重三馆之选，赏直谏之臣，及革赏延之弊”等改革主张。其中“救文弊”的思想，是继唐代韩（愈）、柳（宗元）之后，宋代古文运动的开端，比尹洙、欧阳修、石介等投入古文运动“至少要早十年”①。范仲淹在书中批评当时的士人学风不正和吏治败坏：

> 修辞者不求大才，明经者不问大旨。师道既废，文风益浇；诏令虽繁，何以戒劝？士无廉让，职此之由。其源未澄，欲波之清，臣未之信也。傥国家不思改作，因循其弊，官乱于上，风坏于下，恐非国家之福也。（《范文正公集》卷七《奏上时务书》）

范仲淹将士人的学风，即士人能否继承儒家的“师道”，认明儒经之大旨，掌握治世之大才，看作国家的治乱之源；而此源头的澄清，又在于国家取士制度的改革和吏治的清明。这一精神一直贯彻到后来的庆历新政中。职此之故，庆历新政不仅关乎宋代的“革新政令”，而且更关乎宋代的“创通经义”②。

天圣五年（公元1027年），范仲淹丁母忧而寓南都应天府（即睢阳，今河南商丘）。当时晏殊为留守，请范仲淹掌府学。《宋史·晏殊传》载：“（晏殊）改应天府，延范仲淹以教生徒。

---

① 参见漆侠：《宋学的发展和演变》，285页，石家庄，河北人民出版社，2002。

② 钱穆论两宋学术云：“宋学精神，厥有两端：一曰革新政令，二曰创通经义，而精神之所寄则在书院。革新政令，其事至荆公而止；创通经义，其业至晦庵而遂。而书院讲学，则其风至明末之东林而始竭。”（钱穆：《中国近三百年学术史》，7页）

自五代以来，天下学校废，兴学自殊始。”《范文正公集·年谱》载：“公常宿学中，训督学者，皆有法度，勤劳恭谨，以身先之。由是四方从学者辐凑，其后以文学有声名于场屋朝廷者，多其所教也。”《宋史》所谓“兴学自（晏）殊始”，实即宋代兴学自范仲淹执掌南都府学始。

范仲淹在执掌南都府学期间写了一万余言的《上执政书》，系统地提出了“固邦本，厚民力，重名器，备戎狄，杜奸雄，明国听”的改革之策（《范文正公集》卷八）。其中“固邦本者，在乎举县令，择郡守，以救民之弊也”，即后来庆历新政的以整饬吏治为首要；而“重名器者，在乎慎选举，敦教育，使代不乏材也”，即后来庆历新政的以改革科举、兴办学校、砥砺士风、培养人才为本源。关于“举县令，择郡守”与“慎选举，敦教育”的关系，范仲淹指出：“用而不择贤，孰进焉？择而不教贤，孰继焉？宜乎慎选举之方，则政无虚授；敦教育之道，则代不乏人。”所谓“慎选举之方”，就是要改革科举以诗赋为先的考试方式，“先策论以观其大要，次诗赋以观其全才；以大要定其去留，以全才升其等级；有讲贯者，别加考试”。所谓“敦教育之道”，就是要在地方普遍建立学校，“深思治本，渐隆古道，先于都督之郡，复其学校之制，约《周官》之法，兴阙里之俗，辟文学掾以专其事，敦之以诗书礼乐，辨之以文行忠信”。这样行之数年，可望“士风丕变”，此乃“择才之本、致理之基也”。

也正是在执掌南都府学期间，范仲淹结识了孙复。《范文正公集·年谱》引魏泰《东轩笔录》云：

> 公在睢阳掌学，有孙秀才者索游，上谒公，赠钱一千。明年孙生复谒公，又赠一千。因问："何为汲汲于道路?"孙生戚然动色曰："母老无以养，若日得百钱，则甘旨足矣。"公曰："吾观子辞气非乞客，二年仆仆所得几何，而废学多矣。吾今补子为学职，月可得三千以供养，子能安于学乎?"孙生大喜。于是，授以《春秋》，而孙生笃学不舍昼夜，行复修谨，公甚爱之。明年公去睢阳，孙亦辞归。后十年间，泰山下有孙明复先生，以《春秋》教授学者，道德高迈，朝廷召至，乃昔日索游孙秀才也。

这段引文又见《宋元学案·泰山学案》附录所引《杨公笔录》(宋杨延龄撰)，全祖望谨按："此段稍可疑，宜再考。(泰山)先生婿于李文定公时，年已五十矣。疑其稍长于范文正公，未必反受《春秋》于文正也。"对于全祖望所疑，王梓材已加辩证："泰山以淳化三年壬辰生，文正以端拱三年己丑生，实长于泰山三岁。"其中"端拱三年"为"端拱二年"之误，范仲淹生于公元989年，孙复生于公元992年，范比孙确实年长三岁。全祖望疑孙复"稍长于范文正公，未必反受《春秋》于文正也"，此亦全氏之疏误，意在否认孙复之学本于范仲淹。而上述史料不仅见于宋代的《东轩笔录》和《杨公笔录》，而且亦被朱熹编入《五朝名臣言行录》卷十三，故其当确信无疑。

《宋元学案·泰山学案》载：孙复"四举开封府籍，进士不第，退居泰山，学《春秋》，著《尊王发微》十二篇"。孙复在睢阳两次上谒范仲淹，当是孙复四举进士不第之时。

他在“退居泰山”之前，约有一年的时间从学于范仲淹，他的“学《春秋》”当始于范仲淹“授以《春秋》”。在孙复苦学于泰山期间，石介“躬执弟子礼，师事之”(《宋元学案·泰山学案》)。其间，范仲淹与孙复有书信往还，《范文正公集·尺牍》中有给孙复的信，《孙明复小集》中亦有《寄范天章书》等。

《宋元学案·安定学案》载：胡瑗“七岁善属文，十三（岁）通五经，即以圣贤自期许。……家贫无以自给，往泰山与孙明复、石守道同学”。胡瑗生于公元 993 年（比孙复小一岁），十三岁时是公元 1006 年，而孙复离开睢阳时是公元 1028 年，也就是说，在胡瑗十三岁“通五经”之后，又经历了二十多年的贫困坎坷，然后往泰山与孙复、石介同学。《宋元学案·安定学案》载其在泰山苦学的情况：“攻苦食淡，终夜不寝，一坐十年不归。得家书，见上有‘平安’二字，即投之涧中，不复展，恐扰心也。”在此期间，“宋初三先生”相互砥砺，而范仲淹的“慎选举，敦教育”的思想当已通过孙复而传达给了胡瑗、石介①。

天圣八年（公元 1030 年)，范仲淹又有专言“慎选举，敦教育”的《上时相议制举书》。他说：

> 夫善国者，莫先育材；育材之方，莫先劝学；劝学之要，莫尚宗经。宗经则道大，道大则才大，才大则功

① 余英时先生说：“范仲淹应试时胡瑗只有二十五岁，大概还在泰山十年苦学的期间，自然绝无可能有任何影响。”(《朱熹的历史世界》，94 页，北京，三联书店，2004）此失误即因不明范仲淹与“宋初三先生”的关系所致。

> 大。……如能命试之际，先之以六经，次之以正史，该之以方略，济之以时务，使天下贤俊翕然修经济之业，以教化为心，趋圣人之门，成王佐之器。十数年间，异人杰士必穆穆于王庭矣。（《范文正公集》卷九）

范仲淹的教育思想是以“宗经”为首要，其目的是培养“道大”“才大”“功大”，能够经世济民（“修经济之业”），“以教化为心，趋圣人之门，成王佐之器”的人才。他所主张的教育内容，除了“先之以六经”之外，还要“次之以正史，该之以方略，济之以时务”。这也正是后来胡瑗所推行的“苏、湖之法”暨“明体达用之学”①。

景祐二年（公元 1035 年），范仲淹在苏州建郡学，聘请胡瑗“为苏州教授，诸子从学焉”。在此之前，范仲淹也曾给孙复写信，请其“枉驾与吴中讲贯经籍，教育人材”（《范文正公集·年谱》）。由此可知，范仲淹之了解胡瑗，“爱而敬之”，是因为胡瑗与孙复的同学关系，他把胡瑗与孙复都视为能理解并贯彻他的教育思想的贤士，由此也才有了胡瑗的“二十余年专切学校，始于苏、湖，终于太学”（《宋元学案·安定学案》）。

---

① 据胡瑗高弟刘彝所说：“君臣父子，仁义礼乐，历世不可变者，其体也；诗书史传子集，垂法后世者，其文也；举而措之天下，能润泽斯民，归于皇极者，其用也。”（《宋元学案·安定学案》）按，“皇极”即“大中之道”，胡瑗《洪范口义》卷上云：“皇，大；极，中也。言圣人之治天下，建立万事，当用大中之道。”钱穆说：此明体达用之学“正宋儒所以自立其学，以异于进士场屋之声律，与夫山林释老之独善其身而已者也……盖自唐以来之所谓学者，非进士场屋之业，则释道山林之趣，至是而始有意于为生民建政教之大本，而先树其体于我躬，必学术明而后人才出，题意深长，非偶然也”（钱穆：《中国近三百年学术史》，3 页）。参见拙文《范仲淹与胡瑗的教育思想》，载《杭州研究》，2010（2）。

同年末，范仲淹召还判国子监，朝廷更定雅乐，诏求知音者，范仲淹推荐胡瑗，“以白衣对崇政殿，授试秘书省校书郎”（《宋元学案·安定学案》）。此时，胡瑗四十二岁，经范仲淹的推荐，以“白衣”被授学官之职。

景祐三年（公元1036年），范仲淹知饶州（今江西鄱阳），在此建郡学，“生徒浸盛”，邀李觏到此讲学。翌年，李觏“乡举不利而往鄱阳访范公”（《李觏集·年谱》），是年范仲淹徙知润州（今江苏镇江），又在此建郡学，再邀李觏。宝元元年（公元1038年），范仲淹徙知越州（今浙江绍兴），李觏于康定元年（公元1040年）“往越州赴范高平公招”（《李觏集·年谱》）①。

康定元年（公元1040年），西夏兵进犯，范仲淹被授陕西经略安抚副使。在戎马倥偬中，范仲淹写有《举张问、孙复状》，说孙复“素负词业、经术，今退隐泰山，著书不仕，心通圣奥，迹在穷谷”，希望朝廷“赐召试，特加甄奖”（《范文正公集》卷十八）。是年，张载来谒，范仲淹乃劝读《中庸》，“导横渠以入圣人之室”。当此时，胡瑗任丹州（今陕西宜川）

---

① 葛荣晋先生主编《中国实学思想史》第二章“李觏的实学思想与‘庆历改革’”有云：“实际上，范仲淹的新政就是以李觏的富民强国的实政思想为指导的。……‘庆历新政’的具体改革措施，实际上是李觏实政思想的体现与落实。”（《中国实学思想史》上卷，55页，北京，首都师范大学出版社，1994）这种论述并不符合范仲淹与李觏的真实关系。范仲淹的新政改革思想初发于宋仁宗天圣三年（公元1025年）的《奏上时务书》，至天圣五年（公元1027年）写《上执政书》时已形成较完整的新政改革思想体系，在此十年之后方有李觏“乡举不利而往鄱阳访范公”。侯外庐先生主编《中国思想通史》以李觏为“王安石的先驱”（第四卷上册，398页），不提李觏是范仲淹门下的贤士，而大力突出“王安石的新学”，此亦不符合史实。

军事推官，是“范仲淹幕府中的人物”①。

庆历二年（公元 1042 年），朝廷依范仲淹、富弼的推荐，“以处士孙复为国子监直讲”（《范文正公集·年谱补遗》），此时孙复五十岁，距其离开睢阳已经十四年了。孙复在泰山苦学期间亦曾向范仲淹推荐石介：“执事若上言于天子，次言于执政，以之为学官，必能恢张舜禹文武周公孔子之道，以左右执事，教育国子，丕变于今之世矣。”（《孙明复小集·寄范天章书》）观此可知，石介为学官也是出于范仲淹的推荐。“宋初三先生”都是因有范仲淹的激励、延聘和推荐，才在宋代学术思想史上发生了重要的作用。

在范仲淹任参知政事（副宰相）而推行庆历新政时（公元 1043—1044 年），孙复、石介并为国子监直讲。范仲淹又有《奏为荐胡瑗、李觏充学官》，其中表彰胡瑗“志穷坟典，力行礼义，见在湖州郡学教授，聚徒百余人，不惟讲论经旨，著撰词业，而常教以孝弟，习以礼法，人人向善，闾里叹伏，此实助陛下之声教，为一代美事”（《范文正公集·政府奏议》卷

① 朱熹编《五朝名臣言行录》卷十二：“范公使陕西，辟（胡瑗）丹州推官，改湖州州学教授。”参见漆侠：《宋学的发展和演变》，240、289 页。又，《浙江通志》卷二十六载：滕宗谅知湖州，“延安定胡瑗主教事，作堂规五等，分经义、治事等十八斋，斋规亦五等，于时湖学之盛闻四方”。观此可知，胡瑗任湖州州学教授，是应范仲淹好友滕宗谅之邀，由此成就了胡瑗的“苏、湖之法”。胡瑗在庆历四年（公元 1044 年）向宋仁宗上书“建议兴武学”，书中说“臣曾任丹州军事推官，颇知武事”。葛荣晋先生主编《中国实学思想史》第一章“胡瑗及其安定学派的‘明体达用之学’”有云：“范仲淹受其（胡瑗）影响，主张‘文武之道，相济而行’，认为‘文经之，武纬之’，是圣人治理‘天下之大柄也’（《奏上时务书》）。”（《中国实学思想史》上卷，30 页）这种论述并不符合范仲淹与胡瑗的真实关系。范仲淹的《奏上时务书》写于宋仁宗天圣三年（公元 1025 年），比胡瑗在庆历四年（公元 1044 年）时上书早十九年。

下）。在此期间，胡瑗的“苏、湖之法”得到朝廷的肯定和推广①，胡瑗本人也被召为诸王宫教授（辞疾未行）。石介在庆历三年（公元 1043 年）作《庆历圣德诗》云：“惟仲淹、弼（范仲淹、富弼），一夔一契。……众贤之进，如茅斯拔。大奸之去，如距斯脱。”② “宋初三先生”与范仲淹及庆历新政的密切关系，于此得到充分展现。

庆历新政的夭折，发端于石介的被诬陷致死③，孙复亦被罢贬。后来，孙复得以复职，“稍迁殿中丞，年六十六卒”（《宋元学案·泰山学案》）。胡瑗则在皇祐二年（公元 1050 年）再次被召，参与“作乐事”，受到朝廷的嘉奖。嘉祐元年（公元 1056 年），胡瑗“擢太子中允、天章阁侍讲，仍专管句太学。四方之士归之，至庠序不能容，旁拓军居以广之。既而疾作，以太常博士致仕”（《宋元学案·安定学案》）。范仲淹在皇祐元年（公元 1049 年）徙知杭州时，又曾两次推荐李觏入太学，李觏遂被授太学助教，嘉祐四年（公元 1059 年）因胡瑗以病告归，李觏乃入京“权同管句太学”（《李觏集·年谱》）。

---

① 欧阳修《居士集》卷二十五《胡先生墓表》：“庆历四年，天子开天章阁，与大臣讲天下事，始慨然诏州县皆立学，于是建太学于京师，而有司请下湖州，取（胡瑗）先生之法以为太学法，至今著为令。”

② 吕中《宋大事记讲义》卷十：“大奸指（夏）竦。诗出，孙明复曰：‘子祸始于此矣。’时仲淹、（韩）琦适在陕西还朝道中，得诗，仲淹抚股谓琦曰：‘为此怪儿坏于事。’……后石介卒，竦言不死，请发其棺。”“庆历君子之盛，固石介一诗发之也；庆历小人之祸，亦石介一诗激之也。”

③ 吕中《宋大事记讲义》卷十：“先是，石介奏记于（富）弼，责以行伊、周事。夏竦怨介斥己，又欲因是倾弼等，乃使奸阴习介书，改‘伊、周’曰‘伊、霍’，撰废立诏。仲淹、弼乃恐惧不安，适有边奏，仲淹因请行，乃有是命。”按，“伊、周”指伊尹、周公，而“伊、霍”则成了伊尹、霍光。霍光在汉武帝之后曾废立君主，故其为后世君主之大忌。

由以上梳理，可知胡瑗、孙复、石介以及李觏确实是范仲淹门下的“贤士”。《宋元学案》把胡瑗、孙复列为“高平讲友”，而王梓材按语引《宋史·范仲淹传》所附范纯仁传云：“仲淹门下多贤士，如胡瑗、孙复、石介、李觏之徒，纯仁皆与从游。”据此，王梓材说：“知胡、孙、石、李四先生皆在文正门下。而先生（石介）与盱江（李觏）辈行较后于安定、泰山，则列之文正门人可也。”（《宋元学案·泰山学案》）实际上，不仅石介、李觏可列之“文正门人”，而且胡瑗、孙复亦可在“高平讲友”与“文正门人”之间。

## 二、“庆历之际，学统四起”

《宋元学案》把韩琦、欧阳修列为“高平同调”，把富弼、张方平、李觏等列为“高平门人”，这是正确的。不仅如此，刘牧的易学、刘敞的经学、三苏的蜀学、王安石的新学、周敦颐的濂学、张载的关学和二程的洛学等，都与范仲淹以及庆历新政有着密切的关系。

苏轼作《范文正公文集叙》云：

> 庆历三年，轼始总角入乡校，士有自京师来者，以鲁人石守道所作《庆历圣德诗》示乡先生。轼从旁窃观，则能诵习其词。问先生以所颂十一人者何人也，先生曰：“童子何用知之？”轼曰：“此天人也耶？则不敢知。若亦人耳，何为其不可？”先生奇轼言，尽以告之，且曰：“韩、范、富、欧阳，此四人者，人杰也。”时虽未尽了，

> 则已私识之矣。……呜呼！公之功德，盖不待文而显，其文亦不待叙而传。然不敢辞者，自以八岁知敬爱公，今四十七年矣。彼三杰者，皆得从之游，而公独不识，以为平生之恨。若获挂名其文字中，以自托于门下士之末，岂非畴昔之愿也哉！（《东坡全集》卷三十四）

观此可知，庆历新政对当时的士人产生了广泛的重要影响，乃至偏处四川眉山乡校尚为七八岁童子的苏轼亦受其感召。石介所作《庆历圣德诗》所颂者十一人，而“韩（琦）、范（仲淹）、富（弼）、欧阳（修）”并为人杰，是当时士人所争以为师者。三苏的蜀学初被张方平所赏识，继而得到欧阳修的推荐，故《宋元学案》将苏洵列为“庐陵学侣”，而苏轼、苏辙则为“庐陵门人”。当苏轼、苏辙在嘉祐二年（公元1057年）举进士时，范仲淹已于皇祐四年（公元1052年）病逝，苏轼以不识范仲淹为“平生之恨”，而在范仲淹死三十七年之后仍愿“自托于门下士之末”。

康定、庆历之际，韩琦与范仲淹“在兵间久，名重一时，人心归之，朝廷倚以为重，故天下称为‘韩范’”（《宋史·韩琦传》）。庆历新政推行时，范仲淹任参知政事，韩琦、富弼为枢密副使，“皆以海内人望，同时登用，中外跂想其勋业。仲淹等亦以天下为己任，群小不便之，毁言日闻。仲淹、弼继罢，琦为辨析，不报”（《宋史·韩琦传》）。在范仲淹病逝后，韩琦在《祭文正范公文》[1] 中说，他与范仲淹“道同气合”，

---

① 据《范仲淹全集》附录九“历代祭祝赞文”，此祭文由司马光代笔。参见《范仲淹全集》，1243页，成都，四川大学出版社，2002。

"协心毕力"，对"韩范"之称有"仆之望公，公骥仆驽"的谦辞，称颂范仲淹"高文奇谋，大忠伟节，充塞宇宙，照耀日月，前不愧于古人，后可师于来哲"（《安阳集》卷四十三）。韩琦还曾受范仲淹次子范纯仁之托，为《文正范公奏议集》作序，云："公之所陈，用于时者，大则恢永图，小则革众弊，为不少矣。其未用者，今副稿所存，烂然可究，一旦朝廷举而行之，兴起太平如指掌之易耳。"（《安阳集》卷二十二）韩琦确实是范仲淹的"同调"。

范仲淹在仕途上曾四进四退，而欧阳修与其声气相通，休戚与共。天圣六年（公元1028年），范仲淹被授秘阁校理，因上疏"请皇太后还政"，被贬为河中府通判。天圣八年（公元1030年）欧阳修中进士，任西京留守推官。明道二年（公元1033年）宋仁宗始亲政，召范仲淹赴阙，授右司谏。欧阳修于此年写《上范司谏书》，勉励范仲淹"任天下之责"，"直辞正色，面争庭论"（《文忠集》卷六十六）。范仲淹果然在废郭皇后的问题上"率谏官御史伏阁争"，因与宰相吕夷简发生冲突，而被贬知睦州（今浙江淳安），又徙苏州（胡瑗任苏州教授在此年）。景祐二年（公元1035年），范仲淹任天章阁待制，权知开封府，翌年因批评宰相吕夷简用人不公，而被贬知饶州。当时欧阳修任馆阁校勘，移书右司谏高若讷，称范仲淹"平生刚正，好学通古，今其立朝有本末，天下所共知……今班行中无与比者"（此可见当时范仲淹已是士人之领袖）。欧阳修谴责高若讷身为谏官而不为范仲淹辩诬，又随而诋之，"不复知人间有羞耻事"（《文忠集》卷六十七《与高司谏书》）。欧阳修因此书而坐罪，贬为夷陵令。庆历三年（公元1043年），范仲淹与韩琦经略陕西，欧阳修与余靖、蔡襄任谏官，上疏言范仲淹“有宰辅才，不宜局在兵府”（《范文正公集·年谱》），宋仁宗遂召还范仲淹，授以参知政事。庆历新政推行时，范仲淹等遭“朋党”之议，欧阳修特作《朋党论》以声援，认为“朋党之说，自古有之，惟幸人君辨其君子、小人而已”（《文忠集》卷十七）。新政失败后，欧阳修于庆历五年（公元1045年）“不避群邪切齿之祸，敢冒一人难犯之颜”，上疏言范仲淹、韩琦、富弼等“皆是陛下素所委任之臣，一旦相继罢黜，天下之士皆素知其可用之贤，而不闻其可罢之罪……（陛下）于千官百辟之中特选得此数人……一旦罢去，而使群邪相贺于内，四夷相贺于外，此臣所为陛下惜也”（《文忠集》卷一〇七《论杜衍范仲淹等罢政事状》）。欧阳修因此而被贬知滁州，明年自号“醉翁”。范仲淹病逝后，欧阳修写《祭资政范公文》，有云：“举世之善，谁非公徒？谗人岂多，公志不舒。……谁为党论，是不仁哉！”（《文忠集》卷五十）此后，欧阳修又受范纯仁之托，写《资政殿学士户部侍郎文正范公神道碑铭并序》（见《居士集》卷二十），最初记述范仲淹一生事迹之详者即此碑铭并序。欧阳修也确实是范仲淹的“同调”。

范仲淹与富弼在《庆历圣德诗》中被称颂为“一夔一契”（夔、契皆尧、舜之贤臣）。苏轼作《富郑公神道碑》云：

> 公既以社稷自任，而仁宗责成于公与仲淹，望太平于期月之间，数以手诏，督公等条其事。又开天章阁召

公等坐，且给笔札，使书其所欲为者，遣中使二人更往督之。且命仲淹主西事，公主北事。公遂与仲淹各上当世之务十余条，又自上河北安边十三策，大略以进贤退不肖、止侥幸、去宿弊为本，遂渐易诸路监司之不才者，使澄汰所部吏，于是小人始不悦矣。(《东坡全集》卷八十七)

观此可知，富弼是推行庆历新政仅次于范仲淹的第二号人物。庆历新政的夭折亦是因“石介奏记于（富）弼，责以行伊、周事”(吕中《宋大事记讲义》卷十)，而被夏竦所陷害。富弼后来历相仁宗、英宗、神宗三朝，与韩琦“齐名，号称贤相，人谓之‘富韩’云”(《宋史·韩琦传》)。《宋元学案》将富弼列为“高平门人”，王梓材谨按：

晏元献（殊）判南京，文正权掌西监，晏属之择婿。文正曰：“监中有二举子，富弼、张为善，皆有文行，可婿。”晏问孰优，曰：“富修谨，张疏俊。”晏取先生（富弼）为婿。文正掌监事，而先生与张文定并为举子，固得为文正门人也。(《宋元学案·高平学案》)

又，冯云濠谨按：

楼攻媿跋先生（张方平）《上范文正公书》云：“文正讲道睢阳，乐全（方平）以文受知。”晏元献公欲择二婿，其一则富文忠公，次则乐全。乐全虽不成婚，然皆文正所荐，时盖名为善云。(《宋元学案·高平学案》)

这是《宋元学案》将富弼、张方平列为“高平门人”的主要依据[①]。其实，富弼为“高平门人”更主要是在天圣元年（公元 1023 年），范仲淹监泰州西溪盐仓，除兴化令，富弼弱冠来谒，“公识其远，大力教载而激劝之”，故而后来富弼在《祭范文正公文》中说：“昔弱初冠，识公海陵。顾我誉我，谓必有成。我稔公德，亦已服膺。自是相知，莫我公比。一气殊息，同心异体。始未闻道，公实告之。未知学文，公实教之。”（《范文正公集·年谱》）

刘牧是宋初易学的一位代表人物，《宋元学案》将其列为“泰山门人”，述其传略云：

> 刘牧，字先之，号长民，衢（州）之西安人。年十六，举进士不第，曰：“有司岂枉我哉!”乃买书闭户治之，及再举，遂为举首。调（饶）州军事推官，与州将争公事，为所挤，几不免。及后将范文正公至，先生大喜曰：“此吾师也!”遂以为师。文正亦数称先生，勉以实学，因得从学于泰山之门。岁终，将举京官，先生以让其同官有亲而老者，文正叹息许之曰：“吾不可以不成君之美。”及文正抚河东，举先生可治剧，于是为兖州观察推官。

这段记载原本于王安石的《刘君墓志铭并序》，而其中“因得从学于泰山之门”是《宋元学案》编者所加，且错乱了时间之序。王安石所作《刘君墓志铭并序》在“文正公亦数称君，勉

---

① 若以“文正讲道睢阳，乐全以文受知”为据，把张方平列为“高平门人”，那么，孙复在睢阳书院，范仲淹授之以《春秋》，则其更当为“高平门人”。

以学”之后云：“君论议仁恕，急人之穷，于财物无所顾计，凡以慕文正公故也。……岁终，将举京官，君以让其同官有亲而老者，文正公为叹息许之曰：‘吾不可以不成君之善。’及文正公安抚河东，乃始举君可治剧，于是君为兖州观察推官，又学《春秋》于孙复，与石介为友。”（《临川文集》卷九十七）也就是说，刘牧“得从学于泰山之门”是在范仲淹推荐他为兖州观察推官之后。《范文正公集·年谱补遗》记载，康定元年（公元1040年）八月“举刘牧、钱中孚等十七人，充陕西差遣”。又，《范文正公集》卷二《送刘牧推官之兖州》云：“故人孙复之，卧云生二毛。或作梁甫吟，秋风共呼号。……此行名与节，须似泰山高。”观此可知，在范仲淹的推荐下，刘牧先从饶州“充陕西差遣”，又从陕西调任兖州观察推官。范仲淹为其饯行而作《送刘牧推官之兖州》，当时孙复已近五十岁，故说其“卧云生二毛”。经范仲淹的引荐，刘牧乃得“学《春秋》于孙复，与石介为友”。刘牧确实可为“泰山门人”，但他在此之前，即在范仲淹知饶州时，就以范仲淹为师，故其更是“高平门人”。《宋史·范仲淹传》云：“仲淹泛通六经，长于《易》。”刘牧虽然“又受易学于范谔昌”（《宋元学案·泰山学案》），但其初亦应受启于范仲淹。

刘敞是庆历之后新经学的一位代表人物，他与其弟刘攽都被列为“庐陵门人”。关于庆历之后的新经学，皮锡瑞将庆历之前称为“经学统一时代”，而将庆历之后称为“经学变古时代”。他引王应麟《困学纪闻》云：

> 自汉儒至于庆历间，谈经者守训故而不凿。《七经小

传》出而稍尚新奇矣，至“三经义”行，视汉儒之学若土梗。

据此，皮锡瑞说：“经学自汉至宋初未尝大变，至庆历始一大变也。”[①]《七经小传》的作者即是刘敞，他于庆历六年（公元1046年）中进士，其书一反汉唐章句注疏之学，多以己意论断经义，后来朱熹评价“《七经小传》甚好”（《四库全书总目提要》卷三十三）。刘敞的经学尤“长于《春秋》”，如四库馆臣所说：“盖北宋以来，出新意解《春秋》者，自孙复与敞始。”（《四库全书总目提要》卷二十六）孙复的《春秋》学本受之于范仲淹，其《春秋尊王发微》亦受到韩琦、欧阳修的高度肯定[②]。刘敞生于公元1019年，比孙复小二十七岁，他的《春秋传》和《七经小传》当作于庆历之后，是庆历新政对士人学风发生重要影响的反映[③]。在刘敞的《公是集》中有《贺范龙图兼知延安》《闻范饶州移疾》《闻韩范移军泾原兼督关中四路》等，由此可知刘敞在庆历新政之前就已与范仲淹有较密

① 皮锡瑞：《经学历史》，220页，北京，中华书局，1959。

② 范仲淹作《说春秋序》，有云：“吾辈方扣圣门，宜循师道，碎属词比事之教，洞尊王黜霸之经，由此登太山而知高，入宗庙而见美，升堂睹奥，必有人焉，君子哉无废。”（《范文正公集》卷六）韩琦作《读刘易春秋新解》，有云：“有唐名儒陆淳者，始开奥壤窥源泉。我朝又得孙明复，大明圣意疏重渊。”（《安阳集》卷一）欧阳修作《孙明复先生墓志铭并序》，有云：“先生治《春秋》，不惑传注，不为曲说以乱经。其言简易，明于诸侯大夫功罪，以考时之盛衰，而推见王道之治乱，得于经之本义为多。”（《文忠集》卷二十七）

③ 庆历新政关于“精贡举”的改革，即是改变了以往的“专以辞赋取进士，以墨义取诸科”，而将考试方法改为“进士：先策论而后诗赋”，“诸科：经旨通者为优等，墨义通者为次等”，“使人不专辞藻，必明理道”（《范文正公集·政府奏议》卷上《答手诏条陈十事》）。

切的交往，而欧阳修《文忠集》中的《答原甫》《和刘原父澄心》《重赠刘原父》《问刘原父侍读入阁仪帖》等都作于庆历新政之后。

王安石也是在庆历新政的影响下成长起来的。他于庆历二年（公元 1042 年）中进士，后经友人曾巩的引荐，得到欧阳修的赏识和推举①，故而《宋元学案》将曾巩和王安石都列为“庐陵门人”。当范仲淹于皇祐四年（公元 1052 年）病逝时，王安石作《祭范颍州文》，首言“呜呼我公，一世之师”，这与欧阳修在《祭资政范公文》中说“举世之善，谁非公徒”是一致的。王安石又评价范仲淹“由初迄终，名节无疵”，这也是后人对范仲淹的普遍评价（如《宋元学案·序录》云“高平一生，粹然无疵”）。王安石对范仲淹推行的庆历新政也给予高度评价：“上嘉曰才，以副枢密……遂参宰相，厘我典常。扶贤赞杰，乱冗除荒。官更于朝，士变于乡。百治具修，偷堕勉强。”（《临川文集》卷八十五）嘉祐三年（公元 1058 年），王安石被召入朝，写了《上仁宗皇帝言事书》。关于此书与庆历新政的联系，蔡上翔《王荆公年谱考略》所附《存是楼读上仁宗皇帝言事书》云：

---

① 据蔡上翔《王荆公年谱考略》，曾巩在庆历四年（公元 1044 年）上欧阳修书曰：“安石尝与巩言，非先生无足知我者也。”又于庆历七年（公元 1047 年）与王安石书曰：“欧公悉见足下之文，爱叹诵写，不胜其勤……欧公甚欲一见足下。”（《王安石年谱三种》，247 页，北京，中华书局，1994）王安石于嘉祐元年（公元 1056 年）上欧阳修书曰：“某以不肖，愿趋走于先生长者之门久矣。”（《王安石年谱三种》，286 页）欧阳修于同年向宋仁宗推荐吕公著、王安石等，说王安石“论议通明，兼有时才之用，所谓无施不可者”（《文忠集》卷一一〇《再论水灾状》）。

> 荆公之学，原本经术，其《上仁宗皇帝言事书》，秦、汉而下，未有及此者。然其后卒以新法误天下，而为当时所排击，后世所口实，则非公所学之谬，谋国之过也。……公有志于任天下之重，在于变更法度，慎选人才。先是，范文正公应诏条陈十事，所援《易》言"穷则变，变则通，通则久"，甚切。……又论明黜陟，必三载考绩；精贡举，必先策论而后诗赋。此皆为公书中所必欲行者，而范公已先言之。①

此处说王安石的《上仁宗皇帝言事书》"秦、汉而下，未有及此者"，未免夸大其词；但说《上仁宗皇帝言事书》主张"变更法度，慎选人才"，这在范仲淹的《答手诏条陈十事》中"已先言之"，却是符合实际的。《上仁宗皇帝言事书》主张"改易更革"，但认为在吏治腐败的情况下，"方今之急，在于人才而已"，故提出对于人才要"教之、养之、取之、任之"(《临川文集》卷三十九)。这一改革思路是与庆历新政的精神相一致的。嘉祐初年，胡瑗管勾太学，声望甚高，王安石作有《寄赠胡先生》云："先生天下豪杰魁，胸臆广博天所开。……吾愿圣帝营太平，补葺廊庙枝倾颓。……先收先生作梁柱，以次构架桷与榱。"(《临川文集》卷十三)从此诗可看出，王安石当时极力推崇胡瑗，他是处在庆历之后士人思想主潮之中的。但是在宋神宗即位的熙宁元年(公元1068年)以后，王安石逐渐俯从宋神宗的旨意，将改革方向转变为"当今理财最

---

① 《王安石年谱三种》，315～316页。

为急务”（《宋史全文》卷十一），从而有熙宁变法，乃至引起新旧党争。到了熙宁九年（公元 1076 年），王安石面对党争的压力，竟然在宋神宗面前批评范仲淹“好广名誉，结游士，以为党助，甚坏风俗”（《续资治通鉴长编》卷二七五），这是王安石在熙宁变法中对范仲淹以及胡瑗等人评价的一个转向①。熙宁变法最引起争议的是青苗法，欧阳修于熙宁三年（公元 1070 年）在知青州任上因连上两道反对青苗法的劄子而“坐移镇”，徙知蔡州，翌年六月致仕②。

周敦颐作为宋明理学之开山，在《宋元学案》中被列为“高平讲友”，但未说何据。周敦颐生于公元 1017 年，比范仲淹小二十八岁，将其列为“高平讲友”实在有些勉强。然而，

---

① 余英时先生在《朱熹的历史世界》中认为，胡瑗、孙复、李觏的思想“掀动了王安石和神宗，北宋政治史终于进入一个全新的阶段”（《朱熹的历史世界》，302 页），至熙宁变法，儒家重建秩序的要求“从‘坐而言’转到‘起而行’的时期”（《朱熹的历史世界》，409 页）。此说把庆历时期归于“坐而言”，又把“宋初三先生”和李觏同王安石相联系，而不是把他们与范仲淹相联系，这是不符合历史事实的。关于胡瑗思想与王安石的分歧，胡瑗的弟子在熙宁变法中多攻击王安石的“富国强兵之术”，与王安石的重功利轻道德的经世论形成尖锐对立，可参见葛荣晋先生主编：《中国实学思想史》上卷，46～47 页。

② 《续资治通鉴长编》卷二一三载：“熙宁三年秋七月辛卯，诏新判太原府欧阳修罢宣徽南院使，复为观文殿学士，知蔡州。先是，修病辞宣徽使，至五、六（月）因论青苗法，又移书责王安石，安石不答，而奏从其请。”《续资治通鉴纲目》卷六载：“修以风节自持，既连被污蔑，年六十即乞谢事。及守青州，上疏请止散青苗钱，帝欲复召，执政王安石力诋之。乃徙蔡州，至是求归益切。冯京请留之，安石曰：‘修附丽韩琦，以琦为社稷臣，如此人在一郡则坏一郡，在朝廷则坏朝廷，留之安用？’乃以太子少师致仕。”在此期间，王安石亦曾攻击“欧阳修文章于今诚为卓越，然不知经，不识义理，非《周礼》，毁《系辞》，中间学士为其所误几至大坏”（《续资治通鉴长编》卷二一一）。观此可知，王安石既是“庐陵门人”，又因政见不合，而成为庐陵之叛敌。参见拙文《司马光与熙宁变法》，载《燕京学报》，2010（29）。

周敦颐与范仲淹确实有着思想上的联系，且其早年当亦受到范仲淹的影响。据茅星来《近思录集注·附说》，景祐四年（公元 1037 年）周敦颐二十一岁，“母郑氏卒，葬于润州丹徒县龙图公（郑向）之墓侧，康定元年庚辰服除，授洪州分宁县主簿”。也就是说，周敦颐在公元 1037—1040 年在润州（今江苏镇江）丹徒县为其母守墓三年。而范仲淹在景祐四年（公元 1037 年）徙知润州。宝元元年（公元 1038 年）冬十一月徙知越州（今浙江绍兴）。此年，范仲淹曾移书李觏，言“今润州初建郡学，可能屈节教授”云云，又有《与胡安定屯田书》，略云“入朝以来，思报人主，言事太急，贬放非一”，表示将“惟精惟一，死生以之”，书中又有“近改丹徒，并获雅问”（《范文正公集·年谱》）云云。周敦颐有一年多的时间与范仲淹同在润州，就范仲淹在当时的地位、声望及其在润州建郡学而言，周敦颐是不可能不受其影响的①。庆历四年（公元 1044 年）周敦颐改任南安军（今江西大余）司理参军，两年后二程受学于周敦颐。程颢说：“昔受学于周茂叔，每令寻颜子、仲尼乐处，所乐何事。”（《河南程氏遗书》卷二上）这一“孔颜乐处”的话题在宋明理学中具有重要意义，而发其端者实为范仲淹。早在宋真宗大中祥符七年（公元 1014 年），即范仲淹中进士的前一年，他就在《睢阳学舍书怀》中有云：“瓢思颜子心还乐，琴遇钟君恨即销。”（《范文正公集》卷三）康定元年

---

① 度正《周敦颐年谱》有云：“先生遂扶柩厝于龙图公墓侧。是岁居润，读书鹤林寺。时范文正公（仲淹）、胡文恭（宿）诸名士与之游。”参见梁绍辉：《周敦颐评传》，37 页，南京，南京大学出版社，1994。

（公元 1040 年）范仲淹亦教导张载“儒者自有名教可乐”（《宋史·张载传》）。当范仲淹晚年徙知杭州时，“子弟以公有退志，乘间请治第洛阳，树园圃，以为逸老之地”，范仲淹说：“人苟有道义之乐，形骸可外，况居室乎！”（《范文正公集·年谱》）嘉祐二年（公元 1057 年）胡瑗在太学以《颜子所好何学论》试诸生。胡瑗、周敦颐关于“孔颜乐处”的话题当都源自范仲淹，而“孔颜乐处”正是宋代新儒学为士人提供的一个有别于佛、道二教的儒者自身的安身立命之地[①]。

《宋史·张载传》记载：张载“少喜谈兵……年二十一，以书谒范仲淹，一见知其远器，乃警之曰：‘儒者自有名教可乐，何事于兵！’因劝读《中庸》”。庆历二年（公元 1042 年），张载作《庆州大顺城记》，记述范仲淹在庆州（今甘肃庆阳）率军筑大顺城，击败西夏军。从康定元年（公元 1040 年）到庆历二年（公元 1042 年），张载约有三年的时间与范仲淹同在西北前线（《邵氏闻见录》卷十五云：“子厚少豪其才，欲结客取熙河隍鄯之地，范文正公帅延安，闻之馆于府第”）。范仲淹劝张载读《中庸》，“导横渠以入圣人之室，尤为有功”，《宋元学案》将张载列为“高平门人”是正确的。范仲淹对张载所说“儒者自有名教可乐，何事于兵”，并不是忽略军事，而是激励张载成为一个“明体达用”的儒者。张载在嘉祐二年（公元 1057 年）中进士，与二程“共语道学之要”，后曾担任渭州（今甘肃平凉）军事判官，被州帅蔡挺所倚重，“军府之政，小

---

① 参见拙文《儒家的“乐”与“忧”》，载《中国儒学》第三辑，北京，中国社会科学出版社，2008。

大谘之”（吕大临《横渠先生行状》），其间张载写有《与蔡帅边事画一》《泾原路经略司论边事状》等文，于边塞防务筹措良多，可见张载在成为“明体”的道学家之后仍对“达用”的“讲武以御其寇”予以高度重视。

从宋学的发展及其对中国文化的影响而言，宋学的主流毕竟是以二程之洛学为主的“伊洛渊源”（此“伊洛渊源”至朱熹而集大成，从而有“濂、洛、关、闽”的理学谱系）。但如黄震所说：“本朝理学虽至伊洛而精，实自三先生而始。”亦如黄百家所说：“（安定）先生之学，实与孙明复开伊洛之先。”（《宋元学案·安定学案》）将“伊洛渊源”上溯至“宋初三先生”，进而明确此三先生乃范仲淹门下的“贤士”，这符合宋学发展的实际。朱熹作《伊川先生年谱》云：

> （程颐）年十四五，与明道同受学于舂陵周茂叔先生。皇祐二年，年十八，上书阙下，劝仁宗以王道为心，生灵为念，黜世俗之论，期非常之功，且乞召对，面陈所学。不报，闲游太学。时海陵胡翼之先生方主教导，尝以《颜子所好何学论》试诸生。得先生所试，大惊，即延见，处以学职。（《河南程氏遗书》附录）

按，“皇祐二年”（公元1050年）时胡瑗尚未居太学，此应为“嘉祐二年”（公元1057年）之误[①]。当时程颐二十五岁，“上书阙下”，即写了《上仁宗皇帝书》，其中有云：“臣所学者，天下大中之道也。……道必充于己，而后施以及人；是故道非

---

① 参见拙文《范仲淹与胡瑗的教育思想》，载《杭州研究》，2010（2）。

大成，不苟于用。”“天下之治，由得贤也；天下不治，由失贤也。”程颐认为当时宋朝面临的危机已“有土崩瓦解之势”，他希望宋仁宗“好闻直谏”，并“请自陈所学，然后以臣之学议天下之事”，“苟实可用，陛下其大用之；若行而不效，当服罔上之诛”（《河南程氏文集》卷五）。我们由此不难看出“明体达用之学”对程颐的影响。程颐的《上仁宗皇帝书》比王安石的《上仁宗皇帝言事书》早一年，此两书都可视为范仲淹及庆历新政改革思想的延续。程颐上书“不报”，于是“闲游太学”。当时胡瑗“主教导”，以《颜子所好何学论》试诸生。程颐所作《颜子所好何学论》云：

> 颜子所独好者，何学也？学以至圣人之道也。……学之道如何？曰：天地储精，得五行之秀者为人，其本也真而静，其未发也五性具焉，曰仁义礼智信。形既生矣，外物触其形而动于中矣。其中动而七情出焉，曰喜怒哀乐爱恶欲。情既炽而益荡，其性凿矣。是故觉者约其情使合于中，正其心，养其性，故曰性其情。愚者则不知制之，纵其情而至于邪僻，梏其性而亡之，故曰情其性。凡学之道，正其心，养其性而已。中正而诚，则圣矣。（《河南程氏文集》卷八）

在这段话中，从“天地储精”到“形既生矣，外物触其形而动于中矣”，是有取于周敦颐《太极图说》所云：“二五之精，妙合而凝……惟人也得其秀而最灵。形既生矣，神发知矣，五性感动而善恶分，万事出矣。”而从“其中动而七情出焉”到“故曰情其性”，是有取于胡瑗《周易口义》卷一所云：“盖性者天生之质，仁义礼智信五常之道无不备具，故禀之为正性。喜怒哀乐爱恶欲七者之来，皆由物诱于外，则情见于内，故流之为邪情。唯圣人则能使万物得其利而不失其正者，是能性其情，不使外物迁之也。……小人则反是，故以情而乱其性，以至流恶之深则一身不保，况欲天下之利正乎!”而程颐所说“凡学之道，正其心，养其性而已。中正而诚，则圣矣”，这标示了洛学在继承周敦颐、胡瑗相关学说的基础上更加注重“心性之学”的发展方向。《宋元学案》将程颐列为“安定门人”，又将二程列为“濂溪门人”①，这也应是正确的。

## 三、二程为什么很少提及范仲淹

程颐对胡瑗敬礼备至，非“安定先生”不称。程颢亦曾对胡瑗的“苏、湖之法”给予肯定：“胡安定在湖州置治道斋，学者有欲明治道者，讲之于中，如治兵、治民、水利、算数之类。尝言刘彝善治水利，后累为政，皆兴水利有功。”(《河南程氏遗书》卷二上）二程对范仲淹与胡瑗的关系不可能不知，却很少提及范仲淹。查程氏著作中只有：“范希文前日西举，以虚声而走敌人。今日又不知谁能为希文者。”(《河南程氏遗书》卷二下)“许渤在润州，与范文正、胡宿、周茂叔游。”“张横渠谓范文正才气老成。”(《河南程氏遗书》卷三)“子厚言：昔年有人欲为范希文买绿野堂，希文不肯，识道理自不

① 全祖望《周程学统论》云：“谓二程子虽少师周子，而长而能得不传之秘者，不尽由于周子可也，谓周子竟非其师则过也。”(《宋元学案·濂溪学案》)

然。”（《河南程氏遗书》卷十）程颐在《为家君应诏上英宗皇帝书》中提到“如真庙擢种放，先朝用范仲淹是也”（《河南程氏文集》卷五）。二程为什么很少提及范仲淹，这可能是宋学发展中的一个隐微之谜。笔者猜测，此中一个原因是二程与吕公著及其子吕希哲有着密切的关系，而吕公著正是吕夷简之子。范仲淹与吕夷简有着党争的关系，如何评价范、吕之党争亦是宋史中的一个公案。

范仲淹与吕夷简的矛盾初起于明道二年（公元 1033 年）在是否赞成废郭皇后的问题上，至景祐三年（公元 1036 年）范仲淹献《百官图》，意在批评宰相吕夷简用人不公，吕夷简斥其为“越职言事，荐引朋党，离间君臣”，范仲淹被贬后“朋党之论起，朝士牵连，出语及公者，皆指为党人”（《范文正公集·年谱》），此次党争被称为“景祐党争”。范、吕死后，如何记述范、吕之关系成为一个有争议的敏感问题。

欧阳修作《资政殿学士户部侍郎文正范公神道碑铭并序》有云：

> 自公坐吕公贬，群士大夫各持二公曲直，吕公患之，凡直公者皆指为党，或坐窜逐。及吕公复相，公亦再起被用，于是二公欢然相约，戮力平贼。天下之士皆以此多二公，然朋党之论遂起而不能止。上既贤公可大用，故卒置群议而用之。（《居士集》卷二十）

欧阳修写此碑铭并序是在至和元年（公元 1054 年），第二年又在《与渑池徐宰》信中说：

> 谕及富公言范文正公神道碑事，当时在颍已共详定，

如此为允。述吕公事，于范公见德量包宇宙，忠义先国家；于吕公事，各纪实则万世取信。非如两仇相讼，各过其实，使后世不信，以为偏辞也。大抵某之碑无情之语平，富之志嫉恶之心胜。后世得此二文，虽不同，以此推之亦不足怪也。(《文忠集》卷一五〇)

欧阳修对范、吕之关系的记述与富弼的《范文正公墓志铭》有所不同。而且，欧阳修的记述引起范仲淹之子范纯仁的不满，乃至删去碑文中“欢然相约，戮力平贼”等语，“欧阳公闻其刊去碑中数语，甚不乐也”。朱熹对此评价说：

吕申公斥逐范文正诸人，至晚年复收用之，范公亦竭尽底蕴而为之用，这见文正高处。忠宣（吕纯仁）辨欧公铭志事，这便是不及文正。(《朱子语类》卷一二九)

朱熹又曾因此事而评价吕氏后人：

《涑水记闻》，吕家子弟力辨以为非温公书（盖其中有记吕文靖公数事，如杀郭后等）。某尝见范太史之孙某说，亲收得温公手写稿本，安得为非温公书！某编《八朝言行录》，吕伯恭兄弟亦来辨。为子孙者只得分雪，然必欲天下之人从己，则不能也。(《朱子语类》卷一三〇)

“吕伯恭兄弟”就是吕祖谦和吕祖俭。吕氏后人避讳范仲淹与吕夷简之党争事，当自吕公著就已开始。欧阳修于皇祐元年（公元 1049 年）移知颍州，而吕公著“以进士通判颍州，郡守欧阳文忠公与为讲学之友。后文忠使契丹，契丹主问中国学行之士，首以先生对”(《范吕诸儒学案》)。欧阳修于嘉祐元年

（公元1056年）推荐吕公著、王安石等，嘉祐末年吕公著被授天章阁待制兼侍读。欧阳修在至和元年（公元1054年）写《资政殿学士户部侍郎文正范公神道碑铭并序》时，似有意调停范、吕之关系，这里当有与吕公著为“讲学之友”的因素。

在嘉祐年间，程颐与吕公著、吕希哲父子亦建立了密切的关系，且持之长久。朱熹作《伊川先生年谱》云：程颐在太学被胡瑗授以学职，“吕希哲原明与先生邻斋，首以师礼事焉，既而四方之士从游者日益众。……按《吕申公家传》云：‘公（吕公著）判太学，命众博士即先生之居，敦请为太学正。先生固辞，公即命驾过之’”（《河南程氏遗书》附录）。程颐写《谢吕晦叔待制书》云：

> 颐处乎今之世，才微学寡，不敢枉道妄动，虽亲戚乡闾间，鲜克知其所存者，矧敢期知于公卿大夫乎？伏承阁下屈近侍之尊，下顾愚陋，仰荷厚礼，愧不足以当之。噫！公卿不下士久矣。颐晦于贱贫，世莫之顾，而公独降礼以就之。非好贤乐善之深，孰能如是乎？幸甚幸甚。（《河南程氏文集》卷九）

此书当写于嘉祐末年，对吕公著深表感激之情。《伊川先生年谱》又引吕氏《杂记》云：

> （英宗）治平三年九月，公（吕公著）知蔡州，将行，言曰：“伏见南省进士程颐，年三十四，有特立之操，出群之姿。嘉祐四年，已与殿试，自后绝意进取，往来太学，诸生愿得以为师。臣方领国子监，亲往敦请，卒不能

屈。臣尝与之语，洞明经术，通古今治乱之要，实有经世济物之才，非同拘士曲儒，徒有偏长。使在朝廷，必为国器，伏望特以不次旌用。”

这是吕公著第一次举荐程颐，而程颐“自以为学不足，不愿仕也”（《河南程氏遗书》附录）。

程颐作《明道先生行状》云：熙宁初年，程颢“以御史中丞吕公公著荐，授太子中允，权监察御史里行”（《河南程氏文集》卷十一）。同时，吕公著亦推荐张载“学有本原，四方之学者皆宗之，可以召对访问”，张载受召入见，被授崇文院校书（吕大临《横渠先生行状》）。熙宁八年（公元 1075 年），程颐代吕公著写《应诏上神宗皇帝书》（《河南程氏文集》卷五）。熙宁十年（公元 1077 年），程颢作《送吕晦叔赴河阳》，有云：“知君再为苍生起，不是寻常刺史行。”（《河南程氏文集》卷三）元丰八年（公元 1085 年），神宗死，哲宗继位，司马光、吕公著复起执政，程颢“特为时望所属，召为宗正寺丞。未行，以疾终”（《明道先生行状》）。同年十一月，经司马光、吕公著的推荐，程颐被授汝州团练推官、西京国子监教授，元祐元年（公元 1086 年）三月至京师，被授通直郎充崇政殿说书（《伊川先生年谱》）。

由上述可知，二程与吕公著及吕希哲的关系非同一般。自吕夷简（其卒于庆历四年，公元 1044 年）之后，吕氏之后人都是品学兼优的正人君子。《宋元学案》将吕公著列为庐陵、伊川“讲友”，而吕希哲则为安定、伊川“门人”。王梓材谨按：

祖望《札记》：“吕正献公家登《学案》者七世十七

> 人。”考正献子希哲、希纯为安定门人，而希哲自为《荥阳学案》。荥阳子切问亦见《学案》。又和问、广问及从子稽中、坚中、弸中，别见《和靖学案》。荥阳孙本中及从子大器、大伦、大猷、大同为《紫微学案》。紫微之从孙祖谦、祖俭、祖泰又别为《东莱学案》。(《范吕诸儒学案》)

吕氏后人与安定、“伊洛渊源”的这种密切关系，可能是二程及其后学很少言及范仲淹与吕夷简之党争事的一个原因；而《宋元学案》“托始于安定、泰山”，未能讲明范仲淹与安定、泰山的关系，这也可能是其“远有端绪”之一。

# 范仲淹与胡瑗的教育思想

在中国教育史上，胡瑗（安定）的“苏、湖之法”暨“明体达用之学”曾成就一代教育之盛事。欧阳修在《胡先生墓表》中记载：

> 自景祐、明道以来，学者有师惟先生暨泰山孙明复、石守道三人，而先生之徒最盛。其在湖州之学，弟子去来常数百人，各以其经转相传授。其教学之法最备，行之数年，东南之士莫不以仁义礼乐为学。庆历四年，天子开天章阁，与大臣讲天下事，始慨然诏州县皆立学。于是建太学于京师，而有司请下湖州取先生之法，以为太学法，至今著为令。后十余年先生始来居太学，学者自远而至，太学不能容，取旁官署以为学舍。礼部贡举岁所得士，先生弟子十常居四五，其高第者知名当时，或取甲科居显仕，其余散在四方。随其人贤愚，皆循循雅饬其言谈举止。遇之不问，可知为先生弟子。其学者相语称先生，不问可知为胡公也。……以太常博士致仕，东归之日，太学之诸生与朝廷贤士大夫送之东门，执弟子礼，路人嗟叹以为荣。（《居士集》卷二十五）

类似的记载又见于《宋元学案·安定学案》，胡瑗之高弟刘彝说："国家累朝取士，不以体用为本，而尚声律浮华之词，是以风俗偷薄。臣师当宝元、明道之间，尤病其失，遂以明体达用之学授诸生，夙夜勤瘁，二十余年专切学校，始于苏、湖，终于太学。出其门者，无虑数千余人。故今学者明夫圣人体用，以为政教之本，皆臣师之功，非安石比也。"《宋元学案》记胡瑗"东归之日，弟子祖帐，百里不绝，时以为荣"。胡瑗成就了一代教育之盛事，这是被充分肯定并得到公认的。而且，《宋元学案》"托始于安定、泰山"，如其《序录》所云："宋世学术之盛，安定、泰山为之先河，程、朱二先生皆以为然。"这符合南宋时黄震所说："宋兴八十年，安定胡先生、泰山孙先生、徂徕石先生始以其学教授，而安定之徒最盛，继而伊洛之学兴矣。故本朝理学虽至伊洛而精，实自三先生而始，故晦庵有伊川不敢忘三先生之语。"（《黄氏日抄》卷四十五）

以上对胡瑗的教育成就以及"三先生"为宋代理学之先河的记载，应该说都是属实的。但是，这里也有一个重要的缺憾，即这些记载没有把胡瑗的"苏、湖之法"暨"明体达用之学"同范仲淹的教育思想联系起来。这一缺憾不仅掩盖了范仲淹的开创者的地位，而且对胡瑗的教育思想也欠缺更加深入的理解。本篇将二者合而论之，以弥补这一缺憾，并指出由范仲淹、胡瑗所倡立的"明体达用之学"也被二程、朱熹、吴澄所肯定，这一教育思想与中国传统文化的"正德、利用、厚生"的核心价值取向正相符合，故应予以高度评价。

## 一

胡瑗的专切于学校，“始于苏、湖，终于太学”。其“始”就是在宋仁宗景祐二年（公元 1035 年）范仲淹知苏州，以其所居南园之地辟为苏州郡学（先为私学，后为官学），当时胡瑗“以经术教授吴中，范文正爱而敬之，聘为苏州教授，诸子从学焉”（《宋元学案·安定学案》）。如元代的柳贯所说：“吴郡有学，起范文正公；而学有教法，起胡安定先生。”（《苏州府志》卷二十五）这里应该追溯的是，范仲淹为什么对胡瑗“爱而敬之”，并在创建学校之初就聘其为教授。

早在宋仁宗天圣三年（公元 1025 年），也就是在胡瑗任苏州教授的前十年，范仲淹在《奏上时务书》中就提出了“救文弊”的思想。他说：

> 臣闻国之文章，应于风化；风化厚薄，见乎文章。……故文章之薄，则为君子之忧；风化其坏，则为来者之资。惟圣帝明王，文质相救，在乎己，不在乎人。《易》曰：“穷则变，变则通，通则久”，亦此之谓也。伏望圣慈与大臣，议文章之道，师虞夏之风。况我圣朝千载而会，惜乎不追三代之高，而尚六朝之细。然文章之列，何代无人？盖时之所尚，何能独变？大君有命，孰不风从？可敦谕词臣，兴复古道，更延博雅之士，布于台阁，以救斯文之薄而厚其风化也，天下幸甚。（《范文正公集》卷七）

这段话当为后来胡瑗的“国家累朝取士，不以体用为本，而尚声律浮华之词，是以风俗偷薄……尤病其失”的思想根源。如漆侠先生所说：当范仲淹提出“救文弊”时，比以后尹洙、欧阳修、石介等投入古文运动“至少要早十年”①。当然，这比胡瑗的“苏、湖之法”也要早十年。

范仲淹在《奏上时务书》中还提出“复武举”的主张。他说：“圣人之有天下也，文经之，武纬之，此二道者，天下之大柄也。”他引孔子在齐、鲁“夹谷之会”时所言“有文事者必有武备，请设左右司马”②，以说明“圣人济之武也，文武之道相济而行，不可斯须而去焉”。因此，他主张“宜复唐之武举”，“先命大臣密举忠义有谋之人，授以方略，委之边任；次命武臣密举壮勇出群之士，试以武事，迁其等差……列于边塞，足备非常”。因为要“复武举”，所以范仲淹的教育思想中包含国家应有军事教育，“讲武以御其寇”，这是后来胡瑗的“达用”之学的一端。

范仲淹后来主持庆历新政，其改革思想的一个重要特点就是具有“本末”“源流”的意识（如其在《答手诏条陈十事》中所说：“欲正其末，必端其本；欲清其流，必澄其源”），这在《奏上时务书》中已有较明确的表达。范仲淹说：

> 修辞者不求大才，明经者不问大旨。师道既废，文风益浇；诏令虽繁，何以戒劝？士无廉让，职此之由。其源未澄，欲波之清，臣未之信也。傥国家不思改作，因循其

① 漆侠：《宋学的发展和演变》，285页。

② 此事见《史记·孔子世家》，原文为：“孔子摄相事，曰：‘臣闻有文事者必有武备，有武事者必有文备。古者诸侯出疆，必具官以从。请具左右司马。’”

弊，官乱于上，风坏于下，恐非国家之福也。

“士无廉让”“官乱于上”即指当时的吏治腐败，而其源头则在于当时的学风不正，“修辞者不求大才，明经者不问大旨”，这是由隋唐以来的科举以诗赋和墨义取士，宋朝“因循其弊”所造成的。因此，范仲淹主张“改作”，即要改革科举考试的内容，兴办符合儒家“师道”宗旨的学校，以砥砺士风、培养人才。此后，范仲淹主持的庆历新政就是以整饬吏治为首要，以改革科举、兴办学校、砥砺士风、培养人才为本源。

天圣五年（公元 1027 年），范仲淹在丁母忧期间“冒哀上书”，针对当时宋朝所面临的“泰极者否”的形势，提出了以“固邦本，厚民力，重名器，备戎狄，杜奸雄，明国听”为主要内容的改革思想。此即《上执政书》中所说：“固邦本者，在乎举县令，择郡守，以救民之弊也；厚民力者，在乎复游散，去冗僭，以阜时之财也；重名器者，在乎慎选举，敦教育，使代不乏材也；备戎狄者，在乎育将材，实边郡，使夷不乱华也；杜奸雄者，在乎朝廷无过，生灵无怨，以绝乱之阶也；明国听者，在乎保直臣，斥佞人，以致君于有道也。”（《范文正公集》卷八）其中的“举县令，择郡守”就是以整饬吏治为首要①，而“慎选举，敦教育”就是以改革科举、兴办

---

① 范仲淹说：“今之县令循例而授，多非清识之士。衰老者为子孙之计，则志在苞苴，动皆徇己；少壮者耻州县之职，则政多苟且，举必近名。故一邑之间，簿书不精，吏胥不畏，徭役不均，刑罚不中，民利不作，民害不去，鳏寡不恤，游惰不禁，播艺不增，孝悌不劝。以一邑观之，则四方县政如此者十有七八焉，而望王道之兴不亦难乎！”（《上执政书》）吏治腐败到如此地步，故改革应从整饬吏治开始。

学校、砥砺士风、培养人才为本源。

整饬吏治的目的是“固邦本”“救民之弊”，而吏治的澄清又要以“慎选举，敦教育”为本源。范仲淹在《上执政书》中说：“用而不择贤，孰进焉？择而不教贤，孰继焉？宜乎慎选举之方，则政无虚授；敦教育之道，则代不乏人。”所谓“慎选举之方”，就是要改革科举以诗赋为先的考试方式，“先策论以观其大要，次诗赋以观其全才；以大要定其去留，以全才升其等级；有讲贯者，别加考试”。所谓“敦教育之道”，就是要在地方普遍建立学校，“深思治本，渐隆古道，先于都督之郡，复其学校之制，约《周官》之法，兴阙里之俗，辟文学掾以专其事，敦之以诗书礼乐，辨之以文行忠信”。这样行之数年，可望“士风丕变”，此乃“择才之本、致理之基也”。

《上执政书》中也有“育将材，实边郡”的内容，这是重申其“复武举”的主张。范仲淹说：“今可于忠孝之门，搜智勇之器，堪将材者，密授兵略，历试边任，使其识山川之向背，历星霜之艰难……至于四海九州，必有壮士，宜设武举，以收其遗……又臣僚之中，素有才识，可赐孙、吴之书，使知文武之方，异日安边，多可指任，此皆育将才之道也。”

在写《上执政书》的同年，范仲淹寓南京应天府（又称睢阳，今河南商丘），当时晏殊为留守，请范仲淹掌府学。《宋史·晏殊传》载：“（晏殊）改应天府，延范仲淹以教生徒。自五代以来，天下学校废，兴学自殊始。”《范文正公集·年谱》

载："公常宿学中，训督学者，皆有法度，勤劳恭谨，以身先之。由是四方从学者辐凑，其后以文学有声名于场屋、朝廷者，多其所教也。"范仲淹的执掌府学，实已为后来胡瑗的执掌苏、湖郡学和京师太学做出了表率。

《范文正公集·年谱》引魏泰《东轩笔录》云：

> 公在睢阳掌学，有孙秀才者索游，上谒公，赠钱一千。明年孙生复谒公，又赠一千。因问："何为汲汲于道路？"孙生戚然动色曰："母老无以养，若日得百钱，则甘旨足矣。"公曰："吾观子辞气非乞客，二年仆仆所得几何，而废学多矣。吾今补子为学职，月可得三千以供养，子能安于学乎？"孙生大喜。于是，授以《春秋》，而孙生笃学不舍昼夜，行复修谨，公甚爱之。明年公去睢阳，孙亦辞归。后十年间，泰山下有孙明复先生，以《春秋》教授学者，道德高迈，朝廷召至，乃昔日索游孙秀才也。

这段史料又见于《宋名臣言行录》和《宋元学案·泰山学案》等，应是学者公认的史实。正是因为范仲淹在睢阳收留了穷困潦倒的孙复，才有了日后"宋初三先生"为宋代学术兴盛之先河。《东轩笔录》卷十四在上引文之后又有范仲淹之叹："贫之为累亦大矣，倘因循索米至老，则虽人有如孙明复者，犹将汩没而不见也。"的确，如果没有范仲淹与孙复在睢阳的因缘际遇，很可能"宋初三先生"便在中国历史上"汩没而不见"了。

《宋元学案·泰山学案》载：孙复"四举开封府籍，进士不第，退居泰山，学《春秋》，著《尊王发微》十二篇”。孙复在睢阳两次上谒范仲淹，当是孙复四举进士不第之时。他在“退居泰山”之前，约有一年的时间从学于范仲淹，他的“学《春秋》”当始于范仲淹“授以《春秋》”。在孙复苦学于泰山期间，石介“躬执弟子礼，师事之”。其间，范仲淹与孙复有书信往还（《范文正公集·尺牍》中有给孙明复的信，其中有“及得足下河朔二书”云云，《孙明复小集》中亦有《寄范天章书》）。

《宋元学案·安定学案》载：胡瑗“七岁善属文，十三通五经，即以圣贤自期许。……家贫无以自给，往泰山与孙明复、石守道同学”。他生于宋太宗淳化四年（公元993年），十三岁时是真宗景德三年（公元1006年），而孙复离开睢阳时是仁宗天圣六年（公元1028年），也就是说，在胡瑗十三岁“通五经”之后，又经历了二十多年的贫困坎坷，然后往泰山与孙复、石介同学。《宋元学案·安定学案》载其在泰山苦学的情况：“攻苦食淡，终夜不寝，一坐十年不归。得家书，见上有‘平安’二字，即投之涧中，不复展，恐扰心也。”在此期间，“三先生”相互砥砺，而范仲淹的“慎选举，敦教育”思想当已通过孙复传达给了胡瑗、石介。

天圣六年（公元1028年），范仲淹在《代人奏乞王洙充南京讲书状》中写道：“三代盛王，致治天下，必先崇学校，立师资，聚群材，陈正道，使其服礼乐之文，游名教之地，精治人之术，蕴致君之方。”（《范文正公集》卷十八）这段话很能说明范仲淹对教育的重视以及他对教育之“正道”

的理解。事实上，在范仲淹以后的仕途中，他无论是在朝廷还是在地方任官，都是“必先崇学校，立师资，聚群材，陈正道”，而在其“服礼乐之文，游名教之地，精治人之术，蕴致君之方”的表述中，已经蕴含了“明体达用”的思想。

天圣八年（公元1030年），范仲淹又有专言“慎选举，敦教育”的《上时相议制举书》。他说：

> 夫善国者，莫先育材；育材之方，莫先劝学；劝学之要，莫尚宗经。宗经则道大，道大则才大，才大则功大。……如能命试之际，先之以六经，次之以正史，该之以方略，济之以时务，使天下贤俊翕然修经济之业，以教化为心，趋圣人之门，成王佐之器。十数年间，异人杰士必穆穆于王庭矣。（《范文正公集》卷九）

范仲淹的教育思想是以“宗经”为首要，其目的是培养“道大”“才大”“功大”，能够经世济民（“经济”），“以教化为心，趋圣人之门，成王佐之器”的人才。他所主张的教育内容，除了“先之以六经”之外，还要“次之以正史，该之以方略，济之以时务”。这也正是后来胡瑗所推行的“苏、湖之法”暨“明体达用之学”。

景祐二年（公元1035年），范仲淹在苏州建郡学，聘请胡瑗“为苏州教授，诸子从学焉”。在此之前，范仲淹也曾给孙复写信，请其“枉驾与吴中讲贯经籍，教育人材”（《范文正公集·年谱》）。由此可知，范仲淹之了解胡瑗，“爱而敬之”，是因为胡瑗与孙复的同学关系，他把胡瑗与孙复都视为理解并能贯彻他的教育思想的贤士，由此也才有了胡瑗之专切于学校的“始于苏、湖”。《宋史·范仲淹传》记载：胡瑗在苏州“立学规良密，生徒数百”，可见当时苏学之盛。

景祐三年（公元1036年），范仲淹知饶州（今江西鄱阳），在此建郡学，“生徒浸盛”，邀李觏到此讲学。景祐四年（公元1037年），李觏“乡举不利而往鄱阳访范公”（《李觏集·年谱》），是年范仲淹徙知润州（今江苏镇江），又在此建郡学，再邀李觏。宝元元年（公元1038年）冬十一月，范仲淹徙知越州（今浙江绍兴），李觏于康定元年（公元1040年）“往越州赴范高平公招”（《李觏集·年谱》）。

《宋史·范仲淹传》有云：“仲淹门下多贤士，如胡瑗、孙复、石介、李觏之徒，（范）纯仁皆与从游。昼夜肄业，至夜分不寝，置灯帐中，帐顶如墨色。”（这条史料又见《宋名臣言行录》和《宋元学案·泰山学案》等。）由此可知，胡瑗、孙复等实为范仲淹门下的贤士。

## 二

景祐二年（公元1035年）冬十月，范仲淹除礼部员外郎、天章阁待制，召还判国子监。当时朝廷更定雅乐，诏求知音者，范仲淹乃推荐胡瑗，“以白衣对崇政殿，授试秘书省校书郎”（《宋元学案·安定学案》）。康定元年（公元1040年）七月，范仲淹任陕西经略安抚副使。是年，张载来谒，范仲淹“导横渠以入圣人之室”（《宋元学案·序录》）。同年，范仲淹有《举张问、孙复状》。当此时，“范仲淹经略陕西，辟（胡瑗）丹州推官”（《宋史·胡瑗传》），胡瑗遂成为“范仲淹幕府中的人物”①。

胡瑗在丹州（今陕西宜川）任上，显示了其军事方面的才能。蔡襄作《胡君墓志》记载：

> （胡瑗）在丹州实与帅府事，建议更陈法，治兵器，开废地为营田，募土人为兵，给钱使自市劲马，渐以代东兵之不任战者。虽军校、蕃酋、亭障厮役以事见，辄饮之酒。访被边利害，以资帅府。府多武人，初谓君徒能知古书耳，既观君之所为，不以异己，又翕然称之。（《端明集》卷三十七）

正是因为胡瑗有任丹州推官的这段经历，他在以后撰成《武学规矩》一书，庆历年间“上书请兴武学”，略曰：“今国子监直讲内，梅尧臣曾注《孙子》，大明深义，孙复而下皆明经旨。臣曾任边陲丹州推官，颇知武事。若使尧臣等兼莅武学，每日只讲《论语》使知忠孝仁义之道，讲孙、吴使知制胜御敌之术。于武臣子孙中选有智略者二三百人教习之，则一二十年之间必有成效。”（《宋名臣言行录》前集卷十）我们由此不难看出范仲淹的“复武举”主张对胡瑗的影响。

胡瑗由丹州推官改任密州观察推官，丁父忧去职，服除后为保宁军节度推官，应范仲淹好友滕宗谅之邀，往湖州任教授。《宋元学案·安定学案》载：

① 漆侠：《宋学的发展和演变》，289 页。

先生倡明正学，以身先之，虽盛暑必公服坐堂上，严师弟子之礼，视诸生如子弟，诸生亦爱敬如父兄。其教人之法，科条纤悉具备，立经义、治事二斋。经义则选择其心性疏通、有器局可任大事者，使之讲明六经。治事则一人各治一事，又兼摄一事，如治民以安其生，讲武以御其寇，堰水以利田，算历以明数是也。

胡瑗教学之法的立“经义”斋，正体现了范仲淹的“先之以六经”“宗经则道大”的思想；而其立“治事”斋，正体现了范仲淹的“该之以方略，济之以时务，使天下贤俊翕然修经济之业，以教化为心，趋圣人之门，成王佐之器”的思想。

清雍正朝《浙江通志》卷二十六载：滕宗谅知湖州，“延安定胡瑗主教事，作堂规五等，分经义、治事等十八斋，斋规亦五等，于时湖学之盛闻四方”。所谓“作堂规五等”，具体内容不详，盖其源于在苏学时的“立学规良密”；所谓“分经义、治事等十八斋”，盖指在经义、治事二斋下又有具体的分科教学。

蔡襄所作《胡君墓志》载：胡瑗“尤患隋唐已来仕进尚文词而遗经业，苟趋禄利，及为苏、湖二州教授……解经至有要义，恳恳为诸生言其所以治己而后治乎人者。学徒千数，日月括劘，为文章皆傅经义，必以理胜”（《端明集》卷三十七）。胡瑗的这种解经方法，也正是要纠正范仲淹所批评的“修辞者不求大才，明经者不问大旨”的学风，使从学者能够“敦之以诗书礼乐，辨之以文行忠信”，从而“修己以敬”，“修己以安人”，“修己以安百姓”（《论语·宪问》）。

《宋元学案·安定学案》载胡瑗在湖学时刘彝"称为高弟"，其解说胡瑗的"明体达用之学"：

> 圣人之道有体、有用、有文。君臣父子、仁义礼乐，历世不可变者，其体也；诗书史传子集，垂法后世者，其文也；举而措之天下，能润泽斯民，归于皇极者，其用也。

"体"就是"历世不可变"的常道①；"文"就是能够"垂法后世"的经典；"用"就是能够运用于天下，经世济民而"归于皇极"。胡瑗的"明体达用之学"，实即通过学"文"而"明体达用"。"文"既包括儒家经典，也包括"史传子集"中的一些文献，这与范仲淹所说"先之以六经，次之以正史，该之以方略，济之以时务"是相一致的。"明体"就是要认明儒家经书中具有普遍意义的"大旨""理道"，此与儒家首先注重的"修己"或"内圣"相联系；而"达用"就是要"精治人之术，蕴致君之方"，亦即有"治事"之才，掌握"治民以安其生，讲武以御其寇，堰水以利田，算历以明数"以及医科②等方面的知识，能

---

① 胡瑗将"君臣"一伦列入"历世不可变"的常道，此为儒家之成说，而亦有其历史的局限性。明清之际的黄宗羲始批评"小儒规规焉以君臣之义无所逃于天地之间"(《明夷待访录·原君》)，提出"臣不与子并称"，"君臣之名，从天下而有之者也。吾无天下之责，则吾在君为路人。出而仕于君也，不以天下为事，则君之仆妾也；以天下为事，则君之师友也。夫然谓之臣，其名累变；夫父子固不可变者也"(《明夷待访录·原臣》)。参见拙文《从民本走向民主的开端》，载《华东师范大学学报》，2006 (6)。

② 范仲淹在庆历时期有《奏乞在京并诸道医学教授生徒》："选能讲说医书三五人为医师，于武成王庙讲说《素问》《难经》等文字，召京城习医生徒听学，并教脉候及修合药饵，其针灸亦别立科。教授经三年后方可选试，高第者入翰林院，充学生祗应仍指挥。"(《范文正公集·政府奏议》卷下) 可见在"治事"之学中还应有医科知识。

够“致君于有道”，“致民于无怨”①，此即儒家的“安民”② 或“外王”之旨。“皇极”一词出于《尚书·洪范》，胡瑗对此有明确的解释：“皇，大；极，中也。言圣人之治天下，建立万事，当用大中之道。所谓道者何哉？即‘无偏无党，无反无侧；无有作好，遵王之道；无有作恶，遵王之路’是也。”(《洪范口义》卷上）所谓“归于皇极”就是以达到“大中至正”的社会普遍和谐为目的。

“明体达用之学”对于宋学兴盛的意义，如钱穆先生所说：“此正宋儒所以自立其学，以异于进士场屋之声律，与夫山林释老之独善其身而已者也。……盖自唐以来之所谓学者，非进士场屋之业，则释道山林之趣，至是而始有意于为生民建政教之大本，而先树其体于我躬，必学术明而后人才出，题意深长，非偶然也。”③ 钱穆先生所说诚是。然而，“明体达用之学”的根源在于范仲淹的思想，而其对于宋学兴盛的意义也还有赖于庆历新政的推行。

庆历三年（公元 1043 年），范仲淹由陕甘前线调回开封，任枢密副使、右谏议大夫，复除参知政事。宋仁宗“赐手诏，

---

① 范仲淹说：“明国听者，在乎保直臣，斥佞人，以致君于有道也。”“使搢绅之人皆危其言行，则致君于无过，致民于无怨，政教不坠，祸患不起，太平之下浩然无忧。”(《范文正公集》卷八）胡瑗说：“君子有道德，可以升进而济天下之民……使其道行于天下，致君于尧、舜，跻民于仁寿，则君臣上下罔不赖其德而受其福庆也。”(《周易口义》卷八）

② 《尚书·皋陶谟》有云：“知人则哲，安民则惠。”熙宁变法时范纯仁批评王安石“舍尧、舜‘知人’‘安民’之道，讲五伯富国强兵之术”(《续资治通鉴纪事本末》卷五十八）。

③ 钱穆：《中国近三百年学术史》，3 页。

趣使条天下事，又开天章阁，召见赐坐，授以纸笔，使疏于前”（《居士集》卷二十《资政殿学士户部侍郎文正范公神道碑铭并序》），范仲淹乃向仁宗上《答手诏条陈十事》，“天子方信向仲淹，悉采用之，宜著令者，皆以诏书画一颁下”（《宋史·范仲淹传》），由是庆历新政开场。范仲淹提出的“十事”，包括“明黜陟，抑侥幸，精贡举，择官长，均公田，厚农桑，修武备，减徭役，覃恩信，重命令”，其中的前一、二、四、五条都是要整饬吏治，而“精贡举”就是要“慎选举，敦教育”。

范仲淹在“精贡举”条下指出：“今诸道学校，如得明师，尚可教人六经，传治国治人之道。而国家乃专以辞赋取进士，以墨义取诸科，士皆舍大方而移小道，虽济济盈庭，求有才有识者，十无一二。况天下危困乏人，如此将何以救？在乎教以经济之业，取以经济之才，庶可救其不逮。”他奏请诸路州郡有学校处，“举通经有道之士，专于教授，务在兴行”，考试方法则“进士：先策论而后诗赋”，“诸科：经旨通者为优等，墨义通者为次等”，“使人不专辞藻，必明理道”，如此则“天下讲学必兴，浮薄知劝，最为至要”（《范文正公集·政府奏议》卷上《答手诏条陈十事》）。显然，庆历新政的“精贡举”就是要贯彻推行范仲淹在屡次上书中提出的改革科举、兴办学校、砥砺士风、培养人才的方案。

《范文正公集·年谱补遗》记载：“庆历四年……是时公意欲复古劝学，数言兴学校，本行实。诏近臣议，于是宋祈、王拱臣、张方平、欧阳修、曾公亮、王洙、孙甫、刘湜等合奏，谨参考众说，择其便于今者，莫若使士皆土著而教之于学校……乙亥诏州县皆立学。”欧阳修所作《胡先生墓表》也记载：“庆历四年，天子开天章阁，与大臣讲天下事，始慨然诏州县皆立学，于是建太学于京师，而有司请下湖州，取先生之法以为太学法，至今著为令。”(《居士集》卷二十五）宋朝于京师建立太学，于各州县普遍建立学校，并且推广胡瑗的“苏、湖之法”暨“明体达用之学”，就是庆历新政的产物。

《范文正公集·政府奏议》卷下有《奏为荐胡瑗、李觏充学官》，其中说：胡瑗“志穷坟典，力行礼义，见在湖州郡学教授，聚徒百余人，不惟讲论经旨，著撰词业，而常教以孝弟，习以礼法，人人向善，闾里叹伏，此实助陛下之声教，为一代美事”。范仲淹推荐胡瑗、李觏入太学，在庆历新政推行时，“天子诏下苏、湖取其法，著为令”，亦应是范仲淹推荐胡瑗入太学的结果。胡瑗在庆历四年（公元1044年）“于太学召为诸王宫教授，辞疾不行，寻为太子中舍，以殿中丞致仕”(《宋元学案·安定学案》)。

庆历新政只推行了一年，便因触犯了一部分权贵阶层的利益，致使“谤毁浸盛，而朋党之论，滋不可解”，范仲淹与富弼等“恐惧不敢自安于朝，皆请出按西北”(《范文正公集·年谱》)，“比去，攻者益急，仲淹亦自请罢政事……其在中书所施为，亦稍稍沮罢”(《宋史·范仲淹传》)。于是，庆历新政短命夭折，而其硕果仅存的就是“精贡举”，改革了科举考试的内容和评判标准，在京师建立了太学，在各州县普遍建立了学校，推广了“苏、湖之法”暨“明体达用之学”，这些对宋学之兴盛具有长远意义。

## 三

庆历新政夭折后，范仲淹先后知邠州（今陕西郴州）、邓州（今河南邓州）、杭州和青州。他在邓州时写有《邠州建学记》，并且留下了不朽名篇《岳阳楼记》。在杭州，范仲淹写有《荐李觏并录进礼论等状》。皇祐二年（公元 1050 年），李觏“赴范文正公招于杭州，范公再荐于朝”，“旨授将仕郎太学助教”（《李觏集·年谱》）。皇祐四年（公元 1052 年），范仲淹在由青州徙知颍州的途中病逝于徐州。

皇祐二年（公元 1050 年），朝廷更定雅乐，诏胡瑗至京师议乐，授大理评事，兼大常寺主簿。“岁余，为光禄寺丞、国子监直讲，乃居太学，迁大理寺丞，赐绯衣银鱼。嘉祐元年，迁太子中允，充天章阁侍讲，仍居太学”（《居士集》卷二十五《胡先生墓表》）。据《宋史·乐志二》，诏胡瑗“同定钟磬制度”是在皇祐二年（公元 1050 年）九月。当胡瑗任国子监直讲“乃居太学”时，起码已是在皇祐三年（公元 1051 年）以后，《宋史·选举志三》记“皇祐末，召瑗为国子监直讲，数年，进天章阁侍讲，犹兼学正”。欧阳修《胡先生墓表》又云庆历新政“后十余年，先生始来居太学”。参考以上记载，胡瑗任国子监直讲“乃居太学”当在皇祐六年（公元 1054 年），庆历新政推广“苏、湖之法”是在公元 1044 年，而胡瑗“犹兼学正”“仍居太学”是在嘉祐元年（公元 1056 年）。欧阳修《胡先生墓表》记“学者自远而至，太学不能容，取旁官署以为学舍”，即是嘉祐元年前后的盛况①。胡瑗于嘉祐四年（公元 1059 年）卒于杭州。

当范仲淹病逝时，王安石作有《祭范颍州文》，始云：“呜呼吾公，一世之师。由初迄终，名节无疵。”（《临川文集》卷八十五）这应是当时士人对范仲淹的较普遍的评价。其文末有云：“矧鄙不肖，辱公知尤。”蔡上翔据此而言：“即公（安石）亦尝受知于范公，见重于当世大贤，固甚早也。”（《王荆公年谱考略》卷四）

王安石又作有《寄赠胡先生》：“先生天下豪杰魁，胸臆广博天所开。……吾愿圣帝营太平，补葺廊庙枝倾颓。……先收先生作梁柱，以次构架桷与榱。”（《临川文集》卷十三）此诗直把胡瑗称为“天下豪杰魁”，比作国家应首任的“梁柱”，当作于胡瑗声望最盛的嘉祐初年②。

熙宁变法时，王安石俯从宋神宗“当今理财最为急务”（《宋史全文》卷十一）的旨意，颁布均输法、青苗法等，引起新旧党争。在党争的压力下，王安石在熙宁九年（公元 1076

---

① 《宋名臣言行录》前集卷十载：胡瑗“初为直讲，有旨专掌一学之政，遂推诚教育多士，亦甄别人物。故好尚经术者、好谈兵战者、好文艺者、好尚节义者，皆使之以类，群居相与讲习。胡亦时召之，使论其所学，为定其理。或自出一义，使人人以对，为可否之。或即当时政事俾之折衷。故人皆乐从而有成。今朝廷名臣，往往胡之徒也”（又见《宋元学案·安定学案》）。又《群书考索》后集卷三十载：胡瑗在太学，“其初人未甚信服，乃使其徒之已仕者……分治职事……士人稍稍从之。一日升堂讲《易》，音韵高朗，指意明白，众方大服。……先生在学时，每公私试罢，掌仪率诸生会于首善堂，合雅乐歌诗，至夜乃散。诸斋亦自歌诗奏乐，琴瑟之声彻于外”（又见《宋元学案·安定学案》）。

② 蔡上翔录此诗于胡瑗逝世的嘉祐四年（公元 1059 年），云：“胡先生长于公三十年，公固未尝见先生，而寄赠此诗，亦不知在于何年，兹于其卒也，附录之。”（《王荆公年谱考略》卷七）

年）亦曾批评范仲淹“好广名誉，结游士，以为党助，甚坏风俗”（《续资治通鉴长编》卷二七五）。此中“游士”当包括胡瑗、孙复等。这是王安石对范、胡评价的一个转向①。

朱熹作《伊川先生年谱》云：

> （程颐）年十四五，与明道同受学于春陵周茂叔先生。皇祐二年，年十八，上书阙下，劝仁宗以王道为心，生灵为念，黜世俗之论，期非常之功，且乞召对，面陈所学。不报，闲游太学。时海陵胡翼之先生方主教导，尝以《颜子所好何学论》试诸生。得先生所试，大惊，即延见，处以学职。（《河南程氏遗书》附录）

按，“皇祐二年”（公元 1050 年）时胡瑗尚未居太学，此应为“嘉祐二年”（公元 1057 年）之误。当时程颐二十五岁，“上书阙下”，即写了《上仁宗皇帝书》，其中有云：“臣所学者，天下大中之道也。……道必充于己，而后施以及人；是故道非大成，不苟于用也。”（《河南程氏文集》卷五）我们由此不难看出“明体达用之学”对程颐的影响。

二程曾说：“昔受学于周茂叔，每令寻颜子、仲尼乐处，所乐何事。”（《河南程氏遗书》卷二上）按，二程在十四五岁（程颢长程颐一岁）时受学于周敦颐，当时是庆历六年（公元 1046 年）。周敦颐让二程“寻颜子、仲尼乐处”，这应受到范仲淹的影响。范仲淹在宋真宗大中祥符七年（公元 1014 年），也就是他中进士的前一年，所作《睢阳学舍书怀》有云：“瓢

---

① 参见拙文《王安石变法的再评价》，载《博览群书》，2006（9）。

思颜子心还乐，琴遇钟君恨即销。”（《范文正公集》卷三）这与后来周敦颐所说“志伊尹之所志，学颜子之所学”（《通书·志学》）一样，都表达了儒家的“内圣外王”的思想境界。范仲淹在康定元年（公元 1040 年）教导张载“儒者自有名教可乐”[1]，当其晚年徙知杭州时，“子弟以公有退志，乘间请治第洛阳，树园圃，以为逸老之地”，范仲淹说：“人苟有道义之乐，形骸可外，况居室乎！”（《范文正公集·年谱》）由此可见范仲淹与周敦颐之思想相通[2]。

《宋元学案·高平学案》将周敦颐列为“高平讲友”，不知何据。查周敦颐在二十一岁时（景祐四年，公元 1037 年）葬父于润州丹徒县，在此守墓三年[3]，而此时正值范仲淹知润州，建郡学，他在宝元元年（公元 1038 年）的《与胡安定屯田书》中亦有“近改丹徒，并获雅问”云云。在此期间，周敦颐受到范仲淹的影响是可以想见的。

程颐在嘉祐二年（公元 1057 年）上书“不报”后，即

---

① 《宋史·张载传》记载：张载“少喜言兵”，范仲淹“一见知其远器，乃警之曰：‘儒者自有名教可乐，何事于兵！’因劝读《中庸》”。庆历二年（公元 1042 年），张载作《庆州大顺城记》，记述范仲淹在庆州率军筑大顺城，击败西夏军，文中有云“兵久不用，文张武纵”，此与范仲淹同年所作《上吕相公书》批评“文之弊”而“忘战日久”，将帅乏人，主张朝廷命官要“文武参用”“使文武之道协和为一”的思想相符。观此可知，范仲淹谓“何事于兵”的本意不是否认军事的重要，而是激励张载成为“明体达用”的儒者。迄至熙宁初年，张载仍作有《与蔡帅边事画一》《泾原路经略司论边事状》等，可知张载在“入圣人之室”后仍高度关注边关防务。参见拙文《“先识造化”：张载的气本论哲学》，载《中国哲学史》，2009（2）。

② 关于范仲淹、周敦颐的“道义之乐”，参见拙文《儒家的“乐”与“忧”》，载《中国儒学》第三辑，北京，中国社会科学出版社，2008。

③ 参见杨柱才：《道学宗主》，2 页，北京，人民出版社，2004。

“闲游太学”。胡瑗以《颜子所好何学论》试诸生，得程颐所作而“大惊，即延见，处以学职”。程颐在《颜子所好何学论》中说：

> 颜子所独好者，何学也？学以至圣人之道也。……学之道如何？曰：天地储精，得五行之秀者为人，其本也真而静，其未发也五性具焉，曰仁义礼智信。形既生矣，外物触其形而动于中矣。其中动而七情出焉，曰喜怒哀乐爱恶欲。情既炽而益荡，其性凿矣。是故觉者约其情使合于中，正其心，养其性，故曰性其情。愚者则不知制之，纵其情而至于邪僻，梏其性而亡之，故曰情其性。凡学之道，正其心，养其性而已。中正而诚，则圣矣。(《河南程氏文集》卷八)

这段话中的“天地储精……形既生矣”云云，实际上发挥了周敦颐《太极图说》中的“乾道成男，坤道成女，二气交感，化生万物……惟人也得其秀而最灵。形既生矣，神发知矣，五性感动而善恶分，万事出矣”。而其论“性其情”云云，正符合胡瑗所说：“盖性者天生之质，仁义礼智信五常之道无不备具，故禀之为正性。喜怒哀乐爱恶欲七者之来，皆由物诱于外，则情见于内，故流之为邪情。唯圣人则能使万物得其利而不失其正者，是能性其情，不使外物迁之也。”(《周易口义》卷一)我们由此可见，周敦颐、胡瑗对于洛学之兴起的影响。

《宋元学案·安定学案》载黄百家说：胡瑗对程颐“知契独深”，“伊川之敬礼先生亦至。于濂溪，虽尝从学，往往字之曰‘茂叔’；于先生，非‘安定先生’不称也”。周敦颐虽然居于宋代理学之开山的地位（此由朱熹对“伊洛渊源”的诠释而确立），但其对洛学的影响实不及胡瑗（二程不传《太极图说》，却对胡瑗的《周易口义》很重视，在《程氏易传》中屡引“胡先生曰”）。

程颐在《颜子所好何学论》中说：“凡学之道，正其心，养其性而已。”这是宋学由“明体达用之学”向更重视“心性之学”转折的一个标志。但洛学不仅重视“明体”，而且对“达用”也仍是给予肯定的。如程颢在《请修学校尊师儒取士劄子》中主张“讲明正学”，“其道必本于人伦，明乎物理”，“既一以道德仁义教养之，又专以行实材学升进”（《河南程氏文集》卷一）。二程亦曾称赞：“胡安定在湖州置治道斋，学者有欲明治道者，讲之于中，如治兵、治民、水利、算数之类。尝言刘彝善治水利，后累为政，皆兴水利有功。”（《河南程氏遗书》卷二上）

朱熹在《白鹿洞书院揭示》中首列“五教（伦）之目”，这是儒家之“明体”，但没有把“达用”（“治事”）之学列入内，而把“正其义不谋其利，明其道不计其功”作为“处事之要”（《朱文公文集》卷七十四），这对于后来理学家的书院有消极影响。然而，《白鹿洞书院揭示》实际上并非朱熹的完整教育思想。他另有《学校贡举私议》一文，主张“立德行之科以厚其本，罢去词赋，而分诸经、子、史、时务之年以齐其业”。他在论证“必立德行之科”时说：

德行之于人大矣……士诚知用力于此，则不惟可以修身，而推之可以治人，又可以及夫天下国家，故古之教者

莫不以是为先。(《朱文公文集》卷六十九)

他在论证“必分诸经、子、史、时务之年”时说：

古者大学之教，以格物致知为先。而其考校之法，又以九年知类通达、强立不反为大成。盖天下之事，皆学者所当知。而其理之载于经者则各有所主，而不能相通也。况今《乐经》亡，而《礼经》缺，二戴之《记》已非正经，而又废其一焉。盖经之所以为教者已不能备，而治之者类皆舍其所难而就其所易，仅窥其一而不及其余，则于天下之事宜有不能尽通其理者矣。若诸子之学同出于圣人，各有所长而不能无所短，其长者固不可以不学，而其所短亦不可以不辨也。至于诸史，则该古今兴亡、治乱得失之变。时务之大者，如礼乐制度、天文地理、兵谋刑法之属，亦皆当世所须而不可阙，皆不可以不之习也。(《朱文公文集》卷六十九)

观此可知，朱熹实际上也是主张“明体达用之学”的。

在《学校贡举私议》中，朱熹还批评“近年以来习俗苟偷，学无宗主，治经者不复读其经之本文与夫先儒之传注，但取近时科举中选之文，讽诵摹仿……名为治经而实为经学之贼，号为作文而实为文字之妖”。他主张：

讨论诸经之说，各立家法，而皆以注疏为主。如《易》则兼取胡瑗、石介、欧阳修、王安石、邵雍、程颐、张载、吕大临、杨时；《书》则兼取刘敞、王安石、苏轼、程颐、杨时、晁说之、叶梦得、吴棫、薛季宣、吕祖谦；

> 《诗》则兼取欧阳修、苏轼、程颐、张载、王安石、吕大临、杨时、吕祖谦；《周礼》则刘敞、王安石、杨时；《仪礼》则刘敞；二戴《礼记》则刘敞、程颐、张载、吕大临；《春秋》则啖助、赵匡、陆淳、孙明复、刘敞、程颐、胡安国；《大学》《论语》《中庸》《孟子》则又皆有《集解》等书，而苏轼、王雱、吴棫、胡寅等说亦可采。（《朱文公文集》卷六十九）

这与后来的科举考试"非程朱学，不试于有司""非濂、洛、关、闽之学不讲"是大相径庭的。

朱熹又批评："今日经学之难，不在于治经而难于作义。大抵不问题之小大长短，而必欲分为两段，仍作两句对偶，破题又须借用他语，以暗贴题中之字，必极于工巧而后已。其后多者三二千言，别无他意，不过止是反复敷衍破题两句之说而已。如此不唯不成经学，亦复不成文字，而使学者卒岁穷年，枉费日力，以从事于其间，甚可惜也。"（《朱文公文集》卷六十九）这不啻是对后来科举八股之文的批评①。朱熹主张，科举试卷应"但令直论圣贤本意，与其施用之实，不必如今日经义分段、破题、对偶、敷衍之体。……至于旧例经义禁引史传，乃王氏（安石）末流之弊，而论子、史者不复订以经指，又俗学卑近之失，皆当有以正之，使治经术者通古今，议论者识原本，则庶乎其学之至矣"（《朱文公文集》卷六十九）。

---

① 清代的陆陇其说："《学校贡举私议》一篇，真足为今世之药石。"（《读朱随笔》卷四）

朱熹又肯定吕希哲之言，曰：“仁宗之时太学之法宽简，国子先生必求天下贤士真可为人师者，就其中又择其尤贤者，如胡翼之之徒，使专教导规矩之事。故当是时天下之士不远万里来就师之，其游太学者端为道艺，称弟子者中心说而诚服之。”他批评：“熙宁以来，此法浸坏。所谓太学者但为声利之场，而掌其教事者不过取其善为科举之文，而尝得隽于场屋者耳。士之有志于义理者，既无所求于学，其奔趋辐凑而来者，不过为解额之滥、舍选之私而已。师生相视，漠然如行路之人；间相与言，亦未尝开之以德行道艺之实。而月书季考者，又祇以促其嗜利苟得、冒昧无耻之心，殊非国家之所以立学教人之本意也。”他主张：“欲革其弊，莫若一遵仁皇之制，择士之有道德可为人师者，以为学官而久其任，使之讲明道义，以教训其学者，而又痛减解额之滥以还诸州，罢去舍选谬滥之法……则太学之教不为虚设，而彼怀利干进之流自无所为而至矣。”（《朱文公文集》卷六十九）这是主张从熙宁以后的太学“为声利之场”回复到庆历、嘉祐时期的“明体达用之学”。

据李清馥的《闽中理学渊源考》卷十六，《学校贡举私议》作于宋宁宗庆元元年（公元 1195 年），当时朱熹任焕章阁待制，但不久就发生“庆元党禁”，朱熹被诬为“伪学之魁”，其《学校贡举私议》没有得到实行是可以肯定的。

元仁宗皇庆元年（公元 1312 年），“吴澄为司业，澄用宋程颢学校奏疏、胡瑗六学教法、朱熹《学校贡举私议》，约之为教法四条，一曰经学，二曰行实，三曰文艺，四曰治事，未及行”(《元史纪事本末》卷二)[①]。其中的“治事”，当源于胡瑗的“治事”斋。

综上所述，“明体达用之学”不仅为范仲淹、胡瑗所倡立，而且被二程、朱熹、吴澄所肯定。这一教育思想与中国传统文化的“正德、利用、厚生”的核心价值取向正相符合，故应予以高度评价。由此反思元代以后的科举制度：元仁宗皇庆二年(公元1313年)，“专立德行明经科，以此取士”(《元史·选举志一》)。明代的科举，“沿唐、宋之旧，而稍变其试士之法，专取四子书及《易》《书》《诗》《春秋》《礼记》五经命题试士。盖太祖与刘基所定。其文略仿宋经义，然代古人语气为之，体用排偶，谓之八股，通谓之制义”(《明史·选举志二》)。这种科举制度是有其缺陷的。明清之际，顾炎武说：“士当求实学，凡天文、地理、兵农、水火及一代典章之故，不可不熟究。”(《亭林余集·三朝纪事阙文序》)清初期，颜元说：“博学之，则兵农、钱谷、水火、工虞、天文、地理，无不学也。”(《四书正误》卷二)这实际上带有文化反思而补其缺的意味。但清代的科举，基本上“一沿明制，二百余年，虽有以他途进者，终不得与科第出身者相比”，“洎乎末造，世变日亟，论者谓科目人才不足应时务，毅然罢科举，兴学校。采东西各国教育之新制，变唐、宋以来选举之成规。前后学制，判然两事焉”(《清史稿·选举志一》)。戊戌变法以后，西方的

---

① 明陈邦瞻《元史纪事本末》、清《钦定续通志》和朱轼《史传三编》等书作“胡瑗(或胡安定)六学教法”，其“六学”义不详。但《元史·吴澄传》和《资治通鉴后编》等书误为“胡文定公(或胡安国)六学教法”。

“教育之新制”输入我国，其分科教学，重视实用，虽然与中国传统的“达用”之学不可同日而语，但从文化发展的逻辑上说，亦可视为接续了中国传统的“达用”之学。当然，如何正确处理“明体”的通识道德教育与“达用”的分科实用教育的关系，这应是我们现在需要解决的问题。

# 宋学与《宋论》

## ——兼评余英时著《朱熹的历史世界》

学术界一般所谓宋学，乃宋代儒学之简称。钱穆先生曾说："宋学精神，厥有两端：一曰革新政令，二曰创通经义，而精神之所寄则在书院。革新政令，其事至荆公而止；创通经义，其业至晦庵而遂。而书院讲学，则其风至明末之东林而始竭。"[①] 此所谓宋学，显然即指宋代儒学；而钱先生对宋学精神的概括，亦可谓切当而精辟。

陈寅恪先生曾指出："华夏民族之文化，历数千载之演进，造极于赵宋之世"，而未来中国文化的发展必归于"宋代学术之复兴，或新宋学之建立"[②]。这里虽然使用了"文化"、"学术"和"宋学"三个外延不同的概念，但就实质而言，其所谓宋代所造极的"文化"或"宋代学术"，主要指的就是宋学，亦即宋代儒学。

陈寅恪先生对宋学的评价如此之高，却不能不使人想到王夫之曾创有"陋宋"之说（《黄书·宰制》："圣人坚揽定趾以救天地之祸，非大反孤秦、陋宋之为不得延"）。对于陈、王评

---

① 钱穆：《中国近三百年学术史》，7 页。

② 陈寅恪：《金明馆丛稿二编》，277 页，北京，三联书店，2001。

价之不一，余英时先生在近著《朱熹的历史世界》一书中有所疏释，即这是“分别从政治史和文化史的不同角度为宋代寻求历史定位”，“宋代在政治史上虽不能和汉、唐争辉，但在文化史上则有超越汉、唐的成就”，王夫之的“陋宋”之说是从“政治史”上讲，而他说“宋分教于下，而道以大明”（《宋论》卷三《真宗一》）则是从“文化史”上讲①。按余先生的疏释，王夫之的“陋宋”之说与陈寅恪对宋学的评价并不矛盾。

余先生的书副书名为《宋代士大夫政治文化的研究》。关于“政治文化”，余先生用此词有二义：第一，其“大致指政治思维的方式和政治行动的风格”②；第二，其“兼指政治与文化两个互别而又相关的活动领域”③。余先生强调，“本书采取了政治史与文化史交互为用的研究方法”④。此方法不同于一般“哲学史”的方法，如余先生所说：“哲学史家关于‘道体’的现代诠释虽然加深了我们对于中国哲学传统的理解，但就宋代儒学的全体而言，至少已经历了两度抽象的过程：首先是将道学从儒学中抽离出来，其次再将‘道体’从道学中抽离出来。至于道学家与他们的实际生活方式之间的关联则自始便未曾进入哲学史家的视野。”⑤ 余先生所采取方法的重要意义就是从“抽离”到还原，即把道体、道学还原到宋代士大夫政

① 余英时：《朱熹的历史世界》，189页。
② 同上书，5页。
③ 同上书，6页。
④ 同上书，6～7页。
⑤ 同上书，8页。

治文化中。余先生将此称为“哥白尼式的回转”（“Copernican revolution”）[①]，他指出：“我们必须在概念上作根本的调整，然后才能确切把握住‘推明治道’在宋代所谓‘道学’或‘理学’的中心意义。本书断定宋代儒学的整体动向是秩序重建……道学虽然以‘内圣’显其特色，但‘内圣’的终极目的不是人人都成圣成贤，而仍然是合理的人间秩序的重建。”[②]“一言以蔽之，‘上接孔、孟’和建立形上世界虽然重要，但在整个理学系统中却只能居于第二序（‘second order’）的位置，第一序的身份则非秩序重建莫属。”[③]

余先生的“回转”激起台湾的几位新儒家学者的反驳[④]，而对于大陆学者来说，笔者认为这一“回转”似当是应有之义，而不致真产生“revolution”（“革命”）之想。“政治史与文化史交互为用”的方法，在大陆学界被多数学者所赞同，哲学史家也不会反对讲明“思想世界”与“历史世界”的联系[⑤]。实际上，“知人论世”亦应是哲学史研究的内在要求，尽管以前的中国哲学史著作囿于既有的学科范式而对此做得很不够。关于“推明治道”在道学系统中仍占有“第一序”的位置，我认为这正是中国哲学的特色[⑥]。司马迁论先秦六家要旨云：“夫阴阳、儒、墨、名、法、道德，此务为治者也，直所

① 余英时：《朱熹的历史世界》，117 页。

② 同上书，118 页。

③ 同上书，183 页。

④ 余先生对这种反驳的回应，参见《朱熹的历史世界》“附论三篇”。

⑤ 参见陈来：《从“思想世界”到“历史世界”——余英时〈朱熹的历史世界〉述评》，载《二十一世纪》，2003 年 10 月号。

⑥ 参见拙文《“知人则哲”：中国哲学的特色》，载《哲学动态》，2004 (5)。

从言之异路，有省不省耳。”（《史记·太史公自序》）即是说，先秦六家的言路虽然有所不同，但“务为治”是相同的。宋代的道学虽然更加强调了“治道”或“外王”必须以“内圣”为本，但在“务为治”这一点上仍继承了先秦儒家的传统，否则其“证道体”就真与佛教的“证涅槃”“不过在百步与五十步之间而已”①。

如果说“政治史与文化史交互为用”是应该采取的方法，那么前述余先生对王夫之“陋宋”之说的疏释就显得有些勉强。“分别从政治史和文化史的不同角度为宋代寻求历史定位”，这实际上并不是王夫之所采取的方法。王夫之的《宋论》虽然是以政治史为纲，但实亦采取了“政治史与文化史交互为用”的方法，而且其中对宋代士大夫的政治文化多有批评，甚至可以说，王夫之的“陋宋”之说把宋学也包括在内。分析这一历史现象，既可见宋代政治文化的局限性，亦可见王夫之思想的局限性。这或能从一个角度说明对宋代学术或宋学评价的复杂性，而陈寅恪先生所寄予宏愿的“宋代学术之复兴，或新宋学之建立”也必须对这里的复杂性有所认识，必须克服宋代政治文化以及王夫之思想的局限性。从一定的意义上仍可说，宋代学术之复兴“非大反孤秦、陋宋之为不得延”。

## 一

王夫之一生著述宏富，无论是在数量上还是在质量上，可

---

① 余英时：《朱熹的历史世界》，882页。

能只有朱熹堪与其比肩。《张子正蒙注》与《宋论》是他晚年的两部代表作。他死时自题墓志铭云："抱刘越石之孤愤，而命无从致；希张横渠之正学，而力不能企。"这里的"希张横渠之正学"，很明显体现在《张子正蒙注》中；而"抱刘越石之孤愤"，笔者认为正是《宋论》的精神之所寄。令人感到意外的是，因为"抱刘越石之孤愤"，在《宋论》中竟然几乎全不见"希张横渠之正学"。

《宋论》卷三《真宗一》云：

> 咸平四年，诏赐九经于聚徒讲诵之所，与州县学校等，此书院之始也。嗣是而孙明复、胡安定起，师道立，学者兴，以成乎周、程、张、朱之盛。

在《宋论》中，"张（横渠）"仅此一见。虽然肯定了"周、程、张、朱之盛"，但显然没有"希张横渠之正学"的意思。"周（敦颐）"在《宋论》中也仅此一见，这或是因为周敦颐在宋代的政治文化中无足轻重。王夫之在此书中对程、朱均有批评，而"张（横渠）"仅此一见，倒有可能是出于为尊者讳。

关于宋代的"书院之始"，王夫之认为始自宋真宗"诏赐九经"。实际上，宋代书院的兴起是始于范仲淹执掌南都府学，尤其是始于范仲淹推行的庆历新政。《宋史·晏殊传》载："（晏殊）改应天府，延范仲淹以教生徒。自五代以来，天下学校废，兴学自殊始。"《范文正公集·年谱》云：天圣五年（公元1027年）"公寓南京应天府……时晏丞相殊为留守，遂请公掌府学。公常宿学中，训督学者，皆有法度，勤劳恭谨，以身先之。由是四方从学者辐凑，其后以文学有声名于场屋、朝廷者，多其所教也”。《范文正公集·年谱》又引魏泰《东轩笔录》云：

> 公在睢阳掌学，有孙秀才者索游，上谒公，赠钱一千。明年孙生复谒公，又赠一千。因问：“何为汲汲于道路?”孙生戚然动色曰：“母老无以养，若日得百钱，则甘旨足矣。”公曰：“吾观子辞气非乞客，二年仆仆所得几何，而废学多矣。吾今补子为学职，月可得三千以供养，子能安于学乎?”孙生大喜。于是，授以《春秋》，而孙生笃学不舍昼夜，行复修谨，公甚爱之。明年公去睢阳，孙亦辞归。后十年间，泰山下有孙明复先生，以《春秋》教授学者，道德高迈，朝廷召至，乃昔日索游孙秀才也。

这段记载又见于《宋元学案》卷二《泰山学案》，当是宋明理学家公认的史实。“宋初三先生”之一孙复（字明复）与范仲淹在南都府学的因缘际会，对于以后宋学的发展实有重要的意义。范仲淹在离开南都后，孙复便开始了他在泰山的十年苦学，此期间石介（字守道）拜孙复为师，而胡瑗（安定）亦“往泰山与孙明复、石守道同学”。当景祐二年（公元1035年）范仲淹在苏州创办郡学时，聘胡瑗“为苏州教授，诸子从学焉”（《宋元学案·安定学案》）。朱熹所编《三朝名臣言行录》卷十一记：“文正公门下多延贤士，如胡瑗、孙复、石介、李觏之徒，与公从游，昼夜肄业。”这正说明“宋初三先生”乃是范仲淹门下的贤士，他们因得到范仲淹的激励、奖掖和提携，才成为宋代复兴儒学的前驱。而《宋元学案》之所以“托始于安定、泰山”，却把高平（范仲淹）学案置于其后，主要是因为程颐早年游太学时胡瑗为老师，他对程颐“知契独深”，“伊川之敬礼先生亦至。于濂溪，虽尝从学，往往字之曰‘茂叔’；于先生，非‘安定先生’不称也”（《宋元学案·安定学案》）①。

也是在南都府学，范仲淹写了一万多字的《上执政书》（见《范文正公集》卷八），系统地提出了他的改革思想。他指出当时的宋朝已处于“泰极者否”的形势，只有“变”才能“通”而“久”。针对百姓困穷、国用无度、贤才不充、武备不坚、苦言难入等正在出现的危机，他提出改革必须“固邦本，厚民力，重名器，备戎狄，杜奸雄，明国听”：

> 固邦本者，在乎举县令，择郡守，以救民之弊也；厚民力者，在乎复游散，去冗僭，以阜时之财也；重名器者，在乎慎选举，敦教育，使代不乏材也；备戎狄者，在乎育将材，实边郡，使夷不乱华也；杜奸雄者，在乎朝廷无过，生灵无怨，以绝乱之阶也；明国听者，在乎保直臣，斥佞人，以致君于有道也。

这里的“举县令，择郡守”，即后来庆历新政的以整饬吏治为首要②。因“举择令长，久则乏人”，所以吏治之源的澄清又

---

① 关于范仲淹与“宋初三先生”的关系，参见拙文《范仲淹与宋代儒学的复兴》，载《哲学研究》，2003（10）。

② 范仲淹在《上执政书》中论整饬吏治的必要：“今之县令循例而授，多非清识之士。衰老者为子孙之计，则志在苞苴，动皆徇己；少壮者耻州县之职，则政多苟且，举必近名。故一邑之间，簿书不精，吏胥不畏，徭役不均，刑罚不中，民利不作，民害不去，鳏寡不恤，游惰不禁，播艺不增，孝悌不劝。以一邑观之，则四方县政如此者十有七八焉，而望王道之兴不亦难乎！”

在于“慎选举，敦教育”。所谓“慎选举”，就是要改革科举以诗赋为先的考试方式，“先策论以观其大要，次诗赋以观其全才……有讲贯者，别加考试”。所谓“敦教育”，就是要在地方普遍建立郡学，“深思治本，渐隆古道，先于都督之郡，复其学校之制……敦之以诗书礼乐，辨之以文行忠信”，这样行之数年，可望“士风丕变”，此乃“择才之本、致理之基也”。

庆历三年（公元1043年），范仲淹从抗击西夏的陕甘前线调回京师，授枢密副使、右谏议大夫，复除参知政事。范仲淹“每进见，必以太平责之”。宋仁宗“赐手诏，趣使条天下事，又开天章阁，召见赐坐，授以纸笔，使疏于前”（《居士集》卷二十《资政殿学士户部侍郎文正范公神道碑铭并序》）。于是范仲淹写了《答手诏条陈十事》，这“十事”即是庆历新政的主要改革措施，包括“明黜陟，抑侥幸，精贡举，择官长，均公田，厚农桑，修武备，减徭役，覃恩信，重命令”。宋仁宗“方信向仲淹，悉采用之，宜著令者，皆以诏书画一颁下”（《宋史・范仲淹传》）。庆历新政的前五项改革措施，除了“精贡举”外，都是要整饬吏治，而“精贡举”也就是《上执政书》中所谓“慎选举，敦教育”。范仲淹批评此前的科举“专以辞赋取进士，以墨义取诸科，士皆舍大方而移小道，虽济济盈庭，求有才有识者十无一二”。当此“天下危困乏人”之时，他主张“教以经济之业，取以经济之才”，凡各州郡有学校处，“举通经有道之士，专于教授，务在兴行”，考试方法则“进士：先策论而后诗赋”，“诸科：经旨通者为优等，墨义通者为次等”，“使人不专辞藻，必明理道”，如此则“天下讲学必兴，浮薄知劝，最为至要”（《范文正公集·政府奏议·答手诏条陈十事》）。范仲淹注重“经济”（本于儒家的“经旨”而经世济民），将“辞藻”（诗赋）、“墨义”（记诵经书章句）置于“经旨”“理道”之下，这对于宋代学风的转变起了关键的作用。“庆历四年，天子开天章阁，与大臣讲天下事，始慨然诏州县皆立学，于是建太学于京师，而有司请下湖州，取先生之法以为太学法，至今著为令”（《居士集》卷二十五《胡先生墓表》）。宋朝于京师建立太学，于各州县普遍建立学校，推广胡瑗的“苏、湖之法”，并且改革了科举考试的内容和评判的标准，自庆历新政始。

由上述可知，范仲淹及其推行的庆历新政对于宋代的“书院之始”，以及“孙明复、胡安定起，师道立，学者兴，以成乎周、程、张、朱之盛”起了开创性作用①。然而，王夫之对于范仲淹和庆历新政不但没有表彰，相反却有着偏执而苛刻的批评。王夫之说：

> 仁宗之称盛治，至于今而闻者羡之。……夷考宋政之乱，自神宗始。神宗之以兴怨于天下、贻讥于后世者，非有奢淫暴虐之行，唯上之求治也已亟，下之言治者已烦尔。乃其召下之烦言，以启上之佚志，则自仁宗开之。而朝不能靖，民不能莫，在仁宗之时而已然矣。（《宋论》卷

① 朱熹曾评论说：“范文正杰出之才。”“至范文正时便大厉名节，振作士气，故振作士大夫之功为多。”“本朝道学之盛……亦有其渐，自范文正以来已有好议论，如山东有孙明复，徂徕有石守道，湖州有胡安定，到后来遂有周子、程子、张子出。”（《朱子语类》卷一二九）

四《仁宗二》）

这不啻是说，宋政之乱“自仁宗开之”。而仁宗“召下之烦言”，即是指范仲淹等人的屡次上书；“以启上之佚志”，即是指范仲淹的“答手诏条陈”引发了庆历新政。王夫之说：

> 迨及季年，天章开，条陈进，唯日不给，以取纲维而移易之……所赖有进言者，无坚僻之心，而持之不固；不然，其为害于天下，岂待熙、丰哉？知治道者，不能不为仁宗惜矣。（《宋论》卷四《仁宗二》）

这就是说，范仲淹的庆历新政之所以没有如王安石的熙宁变法那样“为害于天下”，只是因为范仲淹不像王安石那样坚僻、固执。在王夫之看来，仁宗之时的“清刚之士”应该“慎持”“谨守”，“见小害而不激，见小利而不歆，见小才而无取，见小过而无苛”，这样就可以“奸无所荧，邪无能间，修明成宪，修养士民，于以坐致升平，绰有余裕”。而庆历新政却“强饮疥癣之疾以五毒之剂”，以致“伤其肺腑”。王夫之对庆历新政之所以有如此的批评，主要是因为庆历新政开了以后熙宁变法、朝臣党争的先河：“迹其造士，则闻风而起者，苏氏父子掉仪、秦之舌；揣摩而前者，王安石之徒习申、商之术。后此之挠乱天下者，皆此日之竞进于大廷。故曰神宗之兴怨于天下、贻讥于后世者，皆仁宗启之也。”（《宋论》卷四《仁宗二》）

王夫之把苏氏父子的蜀学归于纵横家的长短说，把王安石之新学归于申、商之术，这是站在道学家的立场评判之。他认为苏氏之学和王氏之学都是启端于庆历新政，这倒是符合历史事实的[①]。而且，不仅苏氏、王氏之学如此，毋宁说庆历新政以后的整个宋学都受其影响而焕然一新，以“宋初三先生”为前驱的道学也不外于此。王夫之在《宋论》中批评庆历新政，不啻是对整个宋学的批评。

王夫之说：“凡上书陈利病，以要主听、希行之者，其情不一，其不足听则均也。”（《宋论》卷三《真宗三》）又说：“夫言治者，皆曰先王矣。而先王者，何世之先王也？……啧啧之言，以先王为口实，如庄周之称泰氏，许行之道神农，曾是之从，亦异于孔子矣。故知治者深为仁宗惜也。”（《宋论》卷四《仁宗二》）王夫之因批评庆历新政和熙宁变法而致全盘否定宋儒的“上书陈利病”，尤其反对在上书中“以先王为口实”，即宋儒挂在嘴边的“复三代之治”。

《宋史·吕夷简传》载：“太后崩，帝（仁宗）始亲政事，夷简手疏陈八事……其劝帝语甚切。”此即王夫之所说：“大臣进位宰执，而条列时政以陈言，自吕夷简始。”（《宋论》卷四《仁宗四》）紧接着，王夫之便把批评的矛头指向范仲淹等人：“其后韩（琦）、范（仲淹）、富（弼）、马（司马光）诸君子，出统六师，入参三事，皆于受事之初，例有条奏。闻之曰：‘天下有道，行有枝叶；天下无道，言有枝叶。’以此知诸公失

① 《范文正公集》之苏轼《序》云：“庆历三年，轼始总角入乡校，士有自京师来者，以鲁人石守道所作《庆历圣德诗》示乡先生。轼从旁窃观，则能诵习其词。问先生以所颂十一人者何人也……先生奇轼言，尽以告之，且曰：‘韩、范、富、欧阳，此四人者，人杰也。’时虽未尽了，则已私识之矣。嘉祐二年，始举进士，至京师则范公殁，既葬而墓碑出，读之至流涕……自以八岁知敬爱公，今四十七年矣……若获挂名其文字中，以自托于门下士之末，岂非畴昔之愿也哉！”王安石在范仲淹死后作《祭范颍州文》，称范仲淹为“一世之师”（《临川文集》卷八十五）。

大臣之道。”(《宋论》卷四《仁宗四》)王夫之认为，仁宗时诸大臣的“条奏”之风，使宋朝“奠七十余年社稷生民于阜安者，一变而为尚口纷呶之朝廷”，于是他发问：“摇四海于三寸之管，谁尸其咎？岂非倡之者在堂皇，和之者尽士类，其所繇来者渐乎？……何怪乎王安石之以万言耸人主，俾从己以颠倒国是；而远处蜀山闻风跃起之苏洵……荧后世之耳目哉?”(《宋论》卷四《仁宗四》)显然，王夫之对“条奏”之风的全盘否定，主要是因为它开启了王安石的新学和苏氏父子的蜀学。

王夫之又说：“况乎一人之识，以察一理，尚虑其义不精，而害且伏于其隐。乃搦管经营，旁搜杂引，举君德、民情、兵、农、礼、乐、水、火、工、虞无涯之得失，穷尽之于数尺之章疏。……徒尔洋洋娓娓、建瓴倾水而出之，不少待焉；不怍之口，莫知其咎，亦孔之丑矣。则在怀才初进之士与职司言责之臣，犹不可不慎也。”(《宋论》卷四《仁宗四》)这种对“条奏”之风的批评，上至“进位宰执”和“言责之臣”，下及“怀才初进之士”。在王夫之看来，“束宋人章奏于高阁，学术、治道庶有瘥焉”(《宋论》卷四《仁宗四》)。

然而，如果真的把宋人章奏束之高阁，那么以革新政令为其一端的宋学精神也就胎死腹中了。王夫之对宋人章奏的批评，不仅伤及了“韩、范、富、马”，以至苏氏父子和王安石，而且二程的洛学也不能幸免。朱熹所作《伊川先生年谱》云：“皇祐二年，年十八，上书阙下，劝仁宗以王道为心，生灵为念，黜世俗之论，期非常之功，且乞召对，面陈所学。”(《河南程氏遗书》附录)这里的“皇祐二年”(公元1050年)应是

“嘉祐二年”（公元1057年）之误[1]，此时程颐二十五岁，上距庆历新政十三年。当程颐正在“怀才初进”之时，他写了《上仁宗皇帝书》。在此书中，他先说：“圣明之主，无不好闻直谏，博采刍荛……昏乱之主，无不恶闻过失，忽弃正言……治乱之因，未有不由是也。”因此，他“请自陈所学，然后以臣之学议天下之事”，并且“愿得一面天颜，罄陈所学……苟实可用，陛下其大用之，若行而不效，当服罔上之诛，亦不虚受陛下爵禄也”（《河南程氏文集》卷五）。这种要求君主“好闻直谏”，“以臣之学议天下之事”，希望君主“大用之”，正是庆历新政所开启的风气，但也正是王夫之所批评的“召下之烦言，以启上之佚志”。

程颐在书中又说：“方今之势，诚何异于抱火厝之积薪之下而寝其上，火未及然，因谓之安者乎？……况今百姓困苦，愁怨之气上冲于天，灾沴凶荒，是所召也。……陛下承祖宗基业，而前有土崩瓦解之势，可不惧哉？”（《河南程氏文集》卷五）程颐对当时形势的判断与此前范仲淹的判断是相同的，即宋朝已临近“土崩瓦解之势”，只是“火未及燃”而已。当时的深重危机并非如王夫之所说只是“疥癣之疾”，当时不是“慎持”“谨守”就可“坐致升平，绰有余裕”的时候。从庆历新政到熙宁变法，如后来朱熹所说，“那时也是合变时节”（《朱子语类》卷一三〇）。

---

① 程颐《上仁宗皇帝书》中有“父珦又蒙延赏，今为国子博士”。蔡方鹿据此认为该书作于“皇祐二年恐是嘉祐二年之误”，参见蔡方鹿：《程颢程颐与中国文化》，19～20页，贵阳，贵州人民出版社，1996。按，欧阳修在《胡先生墓表》中说，庆历新政“后十余年，先生（胡瑗）始来居太学”（《居士集》卷二十五）。嘉祐二年（公元1057年）是在庆历新政的十三年之后，程颐上书“不报”即闲游太学，此时胡瑗主持之。

程颐在《上仁宗皇帝书》中提出的改革要领就是“行先王之道”，“复三代之治”，希望宋仁宗由“仁心”而发以为“仁政”。他强调，当时百姓的困苦、社会的危机是“政使然也”。而“三代之民，无是病也”，“岂三代之政不可行于今邪?”“治天下之道，莫非五帝、三王、周公、孔子治天下之道也”。这在当时是堂堂之论，而在王夫之的《宋论》中却成了“啧啧之言，以先王为口实”。

程颐在书中还讲了“天下之治，由得贤也”，要使贤才“各得其任，则无职不举”，并且批评科举取士，“明经之属，唯专念诵，不晓义理，尤无用者也；最贵盛者，唯进士科，以词赋声律为工，词赋之中非有治天下之道也”。这些思想与庆历新政的“择官长”“精贡举”是一致的，可谓范仲淹改革思想的延伸。

王夫之所深怨的“王安石之以万言耸人主”，是指嘉祐三年（公元 1058 年）王安石被召入朝，写了《上仁宗皇帝言事书》，这是在程颐写《上仁宗皇帝书》的一年之后（若依朱熹《伊川先生年谱》的“皇祐二年”，则是在八年之后）。因此，如果说庆历新政之“咎”是开启了王安石新学之“挠乱天下”的话，那么其“咎”又首先是开启了二程的洛学。

程颐在写了《上仁宗皇帝书》之后，又于治平二年（公元 1065 年）写了《为家君应诏上英宗皇帝书》。程颢则在熙宁元年（公元 1068 年）向新即位的宋神宗上了《论王霸劄子》《上殿劄子》《论十事劄子》等。这几篇“章奏”是二程的洛学把“推明治道”或“秩序重建”作为其思想的“第一序”的集中体现。它们的核心思想是提出了治道的“本”与“用”之分，即以君主的“正志先立”为“本”，有其“本”才能正确地择宰相、任贤臣，而“宽赋役、劝农桑、实仓廪、备灾害、修武备、明教化”等则是治道之“用”。“有其本，不患无其用。”（《河南程氏文集》卷五《为家君应诏上英宗皇帝书》）“治天下者，必先立其志，正志先立，则邪说不能移，异端不能惑，故力进于道而莫之御也。”（《河南程氏文集》卷一《论王霸劄子》）二程之所以如此强调“君志先定”，正有鉴于庆历新政的夭折是由于“君志”不定①；更重要的是，只有君主“正志先立”，才能确立“致世如三代之隆”的改革方向。在《论十事劄子》中，程颢又就“师傅、六官、经界、乡党、贡士、兵役、民食、四民、山泽、分数”等十个方面提出具体的改革措施，“以为三代之法有必可施行之验”（《河南程氏文集》卷一）。

在略述了二程的几篇章奏之后，可以看出王夫之所批评的庆历之后士人“闻风而起”，“上书陈利病”，“以先王为口实”，“搦管经营，旁搜杂引，举君德、民情、兵、农、礼、乐、水、火、工、虞无涯之得失，穷尽之于数尺之章疏”，恰恰是二程

① 王夫之亦论及宋仁宗的“无定志”，他说：“仁宗自明道二年刘后殂始亲政，讫乎帝崩，三十年，两府大臣四十余人。……其进也，不固进也，俄而退矣；其退也，抑未终退也，俄而又进矣。人言一及而辄易之，互相攻击则两罢之；或大过已章而姑退之，或一计偶乖而即斥之。……计此三十年间，人才之黜陟，国政之兴革，一彼一此，不能以终岁。吏无适守，民无适从，天下之若惊若骛、延颈举趾、不一其情者，不知其何似，而大概可思矣。……夫天子之无定志也，既若此矣。”（《宋论》卷四《仁宗十二》）二程正有鉴于此，故提出以“君志先定”为治道之本。王夫之则反是，认为此时应“持之以静正，养之以和平，需之以从容……奉祖宗之成宪以折其狂兴，息搏击之锋铓以杜其反噬，犹庶乎其有定也”。他针对由庆历新政引起的政争而评论说：“人知熙、丰以后，议论繁兴，毒痡四海，激盗贼，召夷狄，亦恶知滥觞之始，早在仁宗之世乎？”（《宋论》卷四《仁宗十二》）

的洛学首当其冲。在二程之后，朱熹在南宋的孝宗、光宗和宁宗时也多次上“封事”“奏劄”，这在余英时先生的《朱熹的历史世界》中言之已详，兹不赘述。

由此可以说，王夫之所谓宋政之乱“自仁宗开之”，这种批评是偏执而苛刻的，它不仅伤及了“韩、范、富、马”，以至苏氏父子和王安石，而且这一批评的重锤也同样落在了二程和朱熹的身上。

余英时先生指出：“宋代的‘士’不但以文化主体自居，而且也发展了高度的政治主体的意识；‘以天下为己任’便是其最显著的标识。”① 这里的“以天下为己任”，出自朱熹对范仲淹的评论：“且如一个范文正公，自做秀才时便以天下为己任，无一事不理会过。一旦仁宗大用之，便做出许多事业。”（《朱子语类》卷一二九）亦如余先生所说：“以范仲淹为宋代士大夫的典范，并非出于朱熹一人的私见，而是北宋以来士阶层的共识。”② 余先生又指出：士大夫与君主“共治天下”的

---

① 余英时：《朱熹的历史世界·总序》，3页。

② 余英时：《朱熹的历史世界》，210页。按，朱熹此说当本于欧阳修的《资政殿学士户部侍郎文正范公神道碑铭并序》：“公少有大节，于富贵贫贱，毁誉欢戚，不一动其心，而慨然有志于天下。”（《居士集》卷二十）南宋理宗时吕中说：“先儒论宋朝人物，以范仲淹为第一。”（《宋大事记讲义》卷十）《宋元学案·序录》亦云：“高平（范仲淹）一生粹然无疵，而导横渠以入圣人之室，尤为有功。”在北宋以后的士大夫中，可能只有王夫之对范仲淹有苛刻的批评：“（范公）以天下为己任，其志也。任之力，则忧之亟。故人之贞邪，法之疏密，穷檐之疾苦，寒士之升沉，风俗之醇薄，一系于其心。……若其执国柄以总庶务，则好善恶恶之性，不能以纤芥容，而亟议更张；裁幸滥，核考课，抑词赋，兴策问，替任子，综核名实，繁立科条，一皆以其心计之有余，乐用之而不倦。唯其长也，而亟用之，乃使百年安静之天下，人挟怀来以求试，熙、丰、绍圣之纷纭，皆自此而启，曾不如行边静镇之赖以安也。”（《宋论》卷四《仁宗九》）

主张是宋代士大夫“政治主体意识的显现”①，这一主张“出现在熙宁变法时期”②。按，余先生此说并不确切，应该说“共治天下”的主张也是出自范仲淹。在天圣三年（公元1025年）范仲淹写的《奏上时务书》（见《范文正公集》卷七，此书比他在南都府学时写的《上执政书》早两年）中，他就已提出了“救文弊”“复武举”，以及“重三馆之选、赏直谏之臣、革赏延之弊”等改革措施。在申论“重三馆之选”时，他指出：“先王建官，共理天下，必以贤俊授任，不以爵禄为恩，故百僚师师，各扬其职，上不轻授，下无冒进，此设官之大端也。”这里的“共理天下”显然就是“共治天下”。

如果说“共治天下”的主张是宋代士大夫“政治主体意识的显现”，那么宋儒的章奏之风就是这一主张和这一意识的实际行动。就此而言，王夫之对宋儒章奏之风的批评，已是对宋代士大夫政治文化之核心精神的否定。

余英时先生又指出：“回向三代”的主张是“宋代政治文化的开端”③，后儒对宋代文化有“后三代”之说，陈寅恪先生所谓“中国文化之演进造极于宋世”就是建立在这一“传统的论断之上”④。然而，王夫之在《宋论》中把宋儒的“复三代之治”说成是“啧啧之言，以先王为口实”，这就不是“分别从政治史和文化史的不同角度为宋代寻求历史定位”⑤，而是对宋代士大夫政治文化的否定了。

---

① 余英时：《朱熹的历史世界》，210页。

② 同上书，230页。

③ 同上书，184页。

④⑤ 同上书，189页。

## 二

王夫之说，宋政之乱“自仁宗开之”。又说：“天章阁开之后，宋乱之始也。范公缜密之才，好善恶恶之量为之也。是以缜密多知之才，尤君子之所慎用也。”（《宋论》卷四《仁宗九》）这种偏执而苛刻的批评，其症结就在于范仲淹推行的庆历新政开启了王安石熙宁变法的先河，而“夷考宋政之乱，自神宗（熙宁变法）始”。王夫之对于熙宁变法的这种评价，是南宋以来士大夫的主流观点，而王夫之的“创意”不过是把对熙宁变法的否定延伸到作为其先河的庆历新政。搞清楚庆历新政与熙宁变法的关系，是宋学研究中的一个关键。笔者对此已写过两篇探讨性的文章①，为使本篇能保持论说的连贯而在此略述其意，并补之以对王夫之《宋论》的参评。

范仲淹卒于由青州徙知颍州的途中，时在皇祐四年（公元1052年），王安石的《祭范颍州文》当作于此年。他在文中称范仲淹为“一世之师”，六年之后就是他写《上仁宗皇帝言事书》（见《临川文集》卷三十九）之时。他在书中说，当时的形势是“顾内则不能无以社稷为忧，外则不能无惧于夷狄，天下之财力日以困穷，而风俗日以衰坏，四方有志之士，諰諰然常恐天下之久不安”。应该说，王安石对当时形势的判断，与

---

① 李存山：《庆历新政与熙宁变法——兼论二程洛学与两次“革新政令”的关系》，载《中州学刊》，2004（1）；李存山：《“庆历新政与熙宁变法”补说》，载《中州学刊》，2005（1）。

此前范仲淹以及程颐的判断是相同的。

王安石在书中认为，造成这种局面是因为“方今之法度，多不合乎先王之政”；而“法先王之政”应当“法其意”，这样“改易更革，不至乎倾骇天下之耳目，嚣天下之口”。他说：

> 夫二帝、三王相去盖千有余载，一治一乱，其盛衰之时具矣。其所遭之变，所遇之势，亦各不同，其施设之方亦皆殊，而其为天下国家之意，本末先后，未尝不同也。臣故曰：当法其意而已。

他的这种议论，显然比程颐在《上仁宗皇帝书》中所说“行先王之道”，“三代之政可行于今”，要更为通达。如余英时先生所说，“回向三代”的主张是“宋代政治文化的开端”。王安石的思想也不外于此，这一思想也延伸到熙宁变法时。王夫之在《宋论》中说：

> 王安石之入对，首以大言震神宗。帝曰：“唐太宗何如?”则对曰：“陛下当法尧、舜，何以太宗为哉?”……呜呼！使安石以此对飏于尧、舜之廷，则靖言庸违之诛，膺之久矣。……故学者之言学，治者之言治，奉尧、舜以为镇压人心之标的。我察其情，与缁黄之流推高其祖以树宗风者无以异。韩愈氏之言曰：“尧以是传之舜，舜以是传之禹”，相续不断以至于孟子。愈果灼见其所传者何道邪，抑仅高举之以夸其所从来邪？愈以俗儒之词章，安石以申、商之名法，无不可曰尧、舜在是，吾甚为言尧言舜者危也。(《宋论》卷六《神宗一》)

王夫之因批评王安石的“以大言震神宗”，竟然全盘否定了自韩愈以来的儒家“道统”说，而在宋学中最弘扬此说的正是程、朱的“道学”[①]。这一批评的重锤又落在了程、朱的身上。

王夫之又说：“法尧、舜者之不以法法……汤、武不师尧、舜之已迹，无所传而先后一揆……法依乎道之所宜；宜之与不宜，因乎德之所慎。”（《宋论》卷六《神宗一》）应该说，王夫之的这种议论与王安石所说的“法先王之政”应当“法其意”没有什么不同。

王安石在《上仁宗皇帝言事书》中又指出，当时如欲“改易更革”，“其势必不能”，这是因为“方今天下之（人）才不足”。他在书中也痛陈当时吏治的腐败：“以臣使事之所及，一路数千里之间，州县之吏出于流外者往往而有。可属任以事者，殆无二三；而当防闲其奸者皆是也。”（按，此与范仲淹在《上执政书》中所说“四方县政如此（腐败）者十有七八焉”可谓雷同。）在吏治腐败的情况下，“朝廷每一令下，其意虽善，在位者犹不能推行，使膏泽加于民，而吏辄缘之为奸，以扰百姓”。因此，“方今之急，在于人才而已”。于是他向宋仁宗提出对于人才要“教之、养之、取之、任之”，并且对于科举以诗赋和“讲说章句”取士以及授官之“恩泽子弟”也提出了批评。这些都可以说是范仲淹改革思想的延续[②]，与程颐的

---

① 参见余英时：《朱熹的历史世界》绪说之二“道学、道统与政治文化”，7～35页。

② 蔡上翔指出：王安石《上仁宗皇帝言事书》中不少议论早已先发之于范仲淹所条陈的“十事”之中（《王荆公年谱考略》卷六《存是楼读上仁宗皇帝言事书》)。余英时先生说，此看法“自然是正确的”。见《朱熹的历史世界》，196页。

《上仁宗皇帝书》也若合符节。

在《上仁宗皇帝言事书》中，真正成为以后熙宁变法之滥觞的是这样一段话，即王安石在讲到增加吏禄而恐“财用不足”时所说：

> 臣于财利，固未尝学，然窃观前世治财之大略矣。盖因天下之利，以生天下之财；取天下之财，以供天下之费。自古治世，未尝以不足为天下之公患也。患在治财无其道耳。……诚能理财以其道，而通其变，臣虽愚，固知增吏禄不足以伤经费也。

这段话并非《上仁宗皇帝言事书》中的重点，但在以后的熙宁变法中，治财或理财却成为核心、首要的问题。这是王安石本人思想的转向，新旧党争自此而起，宋政之乱由此发之，其“咎”是范仲淹和庆历新政所不能负的。

熙宁元年（公元 1068 年），新即位的宋神宗问王安石：“当今治国之道，当以何为先？”王安石答：“以择术为始。”他所说的“择术”就是希望宋神宗“每事当以尧、舜为法”（《续资治通鉴长编纪事本末》卷五十九）。在此后所上《本朝百年无事劄子》中，王安石批评“本朝累世因循末俗之弊，而无亲友群臣之议”，他劝神宗去因循之弊，做“大有为之君”。关于科举和吏治问题，他批评说：“以诗赋、记诵求天下之士，而无学校养成之法。以科名、资历叙朝廷之位，而无官司课试之方。监司无检察之人，守将非选择之吏。转徙之亟，既难于考绩；而游谈之众，因得以乱真。交私养望者多得显官，独立营职者或见排沮。故上下偷惰取容而已。”此后，他又批评“农民坏于徭役”“兵士杂于疲老”等。再后才说：“其于理财大抵无法，故虽俭约而民不富，虽忧勤而国不强。”（《临川文集》卷四十一）在这里，科举和吏治问题仍被置于首位，而理财则居其末。

熙宁二年（公元1069年），宋神宗问王安石：“不知卿所施设，以何为先?”王安石答：“变风俗，立法度，方今所急也。凡欲美风俗，在长君子，消小人，以礼义廉耻由君子出故也。”（《续资治通鉴长编纪事本末》卷五十九）在这里，王安石仍强调“风俗、法度”的重要，并且劝神宗“诚欲用臣，恐不宜遽”。但就在此时，神宗擢用王安石为右谏议大夫、参知政事，熙宁变法即由此开始。

熙宁二年（公元1069年）二月，王安石任参知政事，设制置三司条例司，议行新法；四月，遣使八人察诸路农田、水利、赋役，八人为刘彝、谢卿材、侯叔献、程颢、卢秉、王汝翼、曾伉、王广廉；七月，立淮、浙、江、湖六路均输法；九月，立常平给敛法，即青苗法；十一月，颁农田水利条约①。如后来朱熹所评论：

> 新法之行，诸公实共谋之，虽明道先生不以为不是，盖那时也是合变时节。但后来人情汹汹，明道始劝之以不可做逆人情底事。及王氏排众议，行之甚力，而诸公始退散。（《朱子语类》卷一三〇）

朱熹的这个评论大体符合事实。程颢在熙宁元年（公元

---

① 参见侯外庐主编：《中国思想通史》，第四卷上册，431页。

1068年）向宋神宗上《论王霸劄子》和《论十事劄子》，即主张变法。在熙宁变法之初遣使视察诸路农田、水利、赋役的八人中，不仅有胡瑗门下高弟刘彝，而且有程颢，这正说明“新法之行，诸公实共谋之，虽明道先生不以为不是”。但此后颁布的新法首先是均输法，然后是青苗法，朝廷又往各路派出提举官（三司使）督促执行，于是朝臣中始有政见之争。

王安石在熙宁二年（公元1069年）三月对宋神宗说：

> 然今欲理财则须使能，天下但见朝廷以使能为先，而不以任贤为急；但见朝廷以理财为务，而于礼义教化之际有所未及。恐风俗坏，不胜其弊。陛下当深念国体，有先后缓急。(《续资治通鉴长编纪事本末》卷六十六)

这是在颁布均输法和青苗法的四个月之前所说，此时王安石尚虑及任贤与使能、礼义教化与理财的先后缓急问题。但均输法和青苗法一出，立即遭到司马光、范纯仁、富弼、韩琦以及程颢等朝臣的反对，而王安石则“排众议，行之甚力”，其思想也明确地转向为“以理财为方今先急”。

熙宁四年（公元1071年），在制定募役法的过程中，王安石向宋神宗说：

> 今所以未举事者，凡以财不足故。故臣以理财为方今先急。未暇理财而先举事，则事难济。臣固尝论天下事如弈棋，以下子先后当否为胜负。又论理财以农事为急，农以去其疾苦、抑兼并、便趣农为急。此臣所以汲汲于差役之法也。(《续资治通鉴长编》卷二二〇)

此时已是因均输法、青苗法引起朝臣之争、“诸公始退散”之后，王安石终于明确地表露出他思想的转向，即熙宁变法是“以理财为方今先急”，这与他此前所说的“方今之急，在于人才而已”“以择术为始”“变风俗，立法度，方今所急也”是不同的。正如南宋时吕中所说：“夫安石初意不过欲变法耳，未敢言兴利也；迨青苗既行，始兴利也。”（《宋大事记讲义》卷一）

其实，宋神宗在熙宁元年（公元1068年）就曾说：“当今理财最为急务，养兵备边，府库不可不丰，大臣共宜留意节用。”（《宋史全文》卷十一）王安石思想的转向，可谓俯就、迎合了当朝君主的意志。王夫之对这一点的评论是正确的：

> 神宗有不能畅言之隐，当国大臣无能达其意而善谋之者，于是而王安石乘之以进。帝初莅政，谓文彦博曰：“养兵备边，府库不可不丰。”此非安石导之也，其志定久矣。（《宋论》卷六《神宗三》）

庆历新政与熙宁变法的根本不同就在于，庆历新政是以整饬吏治为首要，以砥砺士风、改革科举、兴办学校、认明经旨、培养人才为本源，兼及军事、经济等领域，而熙宁变法则转向为“以理财为方今先急”。这一转向不再是庆历新政所遭贬抑的“以远大为迂说”，但按范仲淹对“本末”“源流”的看法而衡之，却不免是“以浅末为急务”①。这个转向首先是因为宋神

① 范仲淹在《奏上时务书》中告诫仁宗：“用人之议，不以远大为迂说，不以浅末为急务。”（《范文正公集》卷七）在他临终所上的《遗表》中，痛切地回顾庆历新政的夭折：“事久弊则人惮于更张，功未验则俗称于迂阔，以进贤授能为树党，以敦本抑末为近名。”（《范文正公集》卷十六）

宗“其志定久矣”，而王安石则“乘之以进”，且“排众议，行之甚力”。由此亦可见，二程在此前把君主的“正志先立”视为治道之本，借此以行“王道”而免于“霸道”，确立“致世如三代之隆”的改革方向，还是深有见地的[①]。

义利之辨一直是儒家传统的一个“大节目”（道学家更将此视为儒者之第一义）。针对熙宁变法的以理财为急务，王夫之评论说：

> 《传》曰：“俭，德之共也。”俭以恭己，非俭以守财也。不节不宣，侈多藏以取利，不俭莫大于是。而又穷日殚夕、汲汲于簿书期会，以毛举纤微之功过，使人重足以立，而自诧曰勤。是其为术也，始于晏婴，成于墨翟，淫于申、韩，大乱于暴秦；儒之驳者师焉。熙、丰以降，施及五百年，而天下日趋于浇刻。（《宋论》卷三《真宗六》）

王夫之常把王安石的新学归于申、商（或申、韩）之术，我们由以上所引可见其原因。而就在熙宁变法颁布均输法之时，范纯仁（范仲淹之子）就已批评王安石：“欲求近功，忘其旧学。舍尧、舜知人安民之道，讲五伯富国强兵之术。尚法令则称商鞅，言财利则背孟轲。”（《续资治通鉴纪事本末》卷五十八）

由熙宁变法引起的政争和党争，固然与儒家传统的义利之辨有关系，但当时宋朝的政治现实也的确面临着士风、吏治与理财应该以何者为先、如何协调并进的问题。在范仲淹看来，

---

① 朱熹说：“使二先生（横渠、明道）得君，却自君心上为之，正要大家商量，以此为根本。君心既正，他日虽欲自为，亦不可。”（《朱子语类》卷一三〇）

“固邦本者，在乎举县令，择郡守，以救民之弊也”，只有砥砺士风，澄清吏治，才能解决“徭役不均，刑罚不中，民利不作，民害不去，鳏寡不恤，游惰不禁，播艺不增，孝悌不劝”等问题（《范文正公集》卷八《上执政书》）。程颐在《上仁宗皇帝书》中也指出：“固本之道，在于安民；安民之道，在于足衣食。”而当时“国家财用，常恐不足”，为补充财用则“急令诛求”于民，“竭民膏血”，使百姓“往往破产亡业，骨肉离散”。“彼庶民者，饥寒既切于内，父子不相保，尚能顾忠义哉？非民无良，政使然也。”若要革新政治，就要实行王道的仁政；而要实行仁政，除了君主的仁心之外，还需有贤臣的辅佐。故他说：“天下之治，由得贤也；天下不治，由失贤也。”王安石在《上仁宗皇帝言事书》中也同样认为“方今之急，在于人才而已”，在吏治腐败的情况下，“朝廷每一令下，其意虽善，在位者犹不能推行，使膏泽加于民，而吏辄缘之为奸，以扰百姓”。

熙宁变法转向为以理财为急务，试图首先解决国家财用不足的问题。其均输法，被范纯仁认为是“将笼诸路杂货，渔夺商人毫末之利”（《续资治通鉴纪事本末》卷五十八）。苏辙也抨击均输法“法术不正，吏缘为奸，掊克日深，民受其病”（《栾城集》卷三十五《制置三司条例司论事状》）。其青苗法，是在春、秋两季由国家贷钱给农民，然后收取十分之二或十分之三的利息。在颁布青苗法时，司马光就与吕惠卿争于朝：“平民举钱出息，尚能蚕食下户，况县官督责之威乎！”（《宋史·司马光传》）韩琦也谏止青苗法，说这是“官放息钱，与初抑兼并、济困乏之意绝相违戾，欲民信服，不可得也”(《续资治通鉴长编纪事本末》卷六十八)。司马光在《乞罢条例司常平使疏》中批评青苗法：“今县官乃自出息钱，以春、秋贷民，民之富者皆不愿取，贫者乃欲得之”。提举官以多贷为有功，“故不问民之贫富，各随户等抑配与之”(即强行摊派)，富者举债比贫者还多。州县官吏又恐贷出的钱和利息收不回来，“必令贫富相兼，共为保甲”。贫者得钱后，无力偿还，“吏督之急”则逃散四方，“富者不去则独偿数家所负”，这样下去会使“贫者既尽，富者亦贫”(《司马温公集》卷四十一)。程颢在《谏新法疏》中也力主“外汰使人之扰，亟推去息之仁”(《河南程氏文集》卷一)，即主张撤免扰乱地方的提举官，停止取息牟利的青苗法，代之以去息的仁政。

司马光等旧党在与王安石的新党争论时亦有其缺陷，即他们受义利之辨的束缚，又受王安石新党的“挑激”，而讳言财利，没有向宋神宗陈明如何解决国家的财用问题。此即王夫之所说“神宗有不能畅言之隐，当国大臣无能达其意而善谋之者”，这就使王安石乘之以进。王夫之又说：司马光等旧党“自惜其清名，而又为天子惜，于是讳言会计，而一委之有司”；王安石则“妄亿国帑之虚，而以桑(弘羊)、孔(仅)之术动人主于所不察”。这样两党相争，“各以时竞，何异两盲之相触于道，其交谇也必矣”。双方“舌挢而不能下，徒以气矜，奚益哉?”(《宋论》卷七《哲宗二》)

熙宁年间新旧党争论的结果是王安石“排众议，行之甚力”，而司马光等旧党则或辞职或遭罢贬，“诸公始退散”。司马光在《与王介甫书》中批评王安石："更立制置三司条例司，聚文章之士及晓财利之人，使之讲利"，"又于其中不次用人，往往暴得美官，于是言利之人皆攘臂圜视，炫鬻争进，各斗智巧，以变更祖宗旧法"（《司马温公集》卷六十）。程颢在《再上疏》中也说："兴利之臣日进，尚德之风浸衰，尤非朝廷之福。"（《河南程氏文集》卷一）因旧党的"退散"，王安石便更多地任用"晓财利之人"，于是真正的宋政之乱自此始矣。

二程后来对于熙宁党争有反省："王介甫性狠愎，众人以为不可，则执之愈坚。君子既去，所用皆小人，争为刻薄，故害天下益深。使众君子未与之敌，俟其势久自缓，委屈平章，尚有听从之理，则小人无隙以乘，其为害不至此之甚也。"（《邵氏闻见前录》卷十五）又说："新政之改，亦是吾党争之有太过，成就今日之事，涂炭天下，亦须两分其罪可也。"（《河南程氏遗书》卷二上）

王夫之认为，"王安石之允为小人，无可辞也"。他列举王安石之非，指出：

> 安石之所必为者，以桑弘羊、刘晏自任，而文之曰《周官》之法，尧、舜之道；则固自以为是，斥之为非而不服。……夫君子有其必不可为者，以去就要君也，起大狱以报睚眦之怨也，辱老成而奖游士也，喜谄谀而委腹心也，置逻卒以察诽谤也，毁先圣之遗书而崇佛老也，怨及同产兄弟而授人之排之也，子死魄丧而舍宅为寺以丐福于浮屠也。若此者，皆君子所固穷濒死而必不为者也，乃安石则皆为之矣。（《宋论》卷六《神宗二》）

王夫之对“王安石之允为小人”的评价，是道学系统中的传统评价。而王安石真正的“祸害”是他任用、培植了一批“小人”，由此旧党被排斥，加之司马光、吕公著等元祐诸公又处置不当，章惇、蔡京等新党则罗织“元祐党案”，旧党全被禁锢，奸佞擅权，君主淫逸，遂致北宋的灭亡。王夫之评论说：

> 国民之交敝也，自苛政始。苛政兴，足以病国虐民，而尚未足以亡；政虽苛，犹然政也。……惟是苛政之兴，众论不许，而主张之者，理不胜而求赢于势，急引与己同者以为援，群小乃起而应之，竭其虔矫之才、巧黠之慧，以为之效。于是泛滥波腾，以导谀宣淫，蛊其君以毒天下。而善类壹空，莫之能挽。民乃益怨，衅乃倏生，败亡沓至而不可御。呜呼！使以蔡京、王黼、童贯、朱勔之所为，俾王安石见之，亦应为之发指。而群奸尸祝安石，奉为宗主，弹压天下者，抑安石之所不愿受。然而盈廷皆安石之仇雠，则呼将伯之助于吕惠卿、蔡确、章惇诸奸，以引凶人之旅进，固势出于弗能自已，而聊以为缘也。势渐迤者趋愈下，志荡于始而求正于末者，未之有也。是故苛政之足以败亡，非徒政也，与小人为类，而害乃因缘以蔓延。倡之者初所不谋，固后所必至也。(《宋论》卷六《神宗七》)

以上评论道出了宋政之乱，自熙宁变法始；而北宋之亡，则亡于章惇、蔡京等奸佞擅权，“蛊其君以毒天下”。章惇、蔡京等所为，虽然不是王安石所愿见，但王安石应任“引用小人”之咎。王夫之又说："是安石之法，未足以致宣、政之祸。唯其杂引吕惠卿、邓绾、章惇、曾布之群小，以授贼贤罔上之秘计于（蔡）京，则安石之所贻败亡于宋者此尔。"（《宋论》卷八《徽宗二》）

王夫之的以上评论，南宋理宗时吕中早已先发：

> （章惇、蔡京）此小人不足责，而引用小人自安石始。然安石之心与章子厚（惇）不同，章子厚之心与蔡京诸人不同。盖安石之法犹出于所学，章子厚之法将托安石以报私怨耳，至蔡京则又托绍述以奉人主（徽宗）之侈心耳。愈变愈下，所以致中原之祸也。（《宋大事记讲义》卷二十一）

应该说，王夫之与吕中所见略同。北宋之亡于奸佞擅权，"蛊其君以毒天下"，实亦证实了范仲淹在《奏上时务书》中所说"奸邪之凶，甚于夷狄之患"！

然而，王夫之与吕中的见解又有不同。王夫之认为，宋政之乱虽然"自神宗始之"，但又"自仁宗开之"，把宋政之乱的根源追溯到庆历新政，认为"天章阁开"、范仲淹之"条陈进"是宋乱之源。其偏执和苛刻，竟至对包括道学在内的整个宋学都予以否定。相比之下，吕中的以下见解则较为持中和公允：

> 自范文正天章阁一疏不尽行，所以激而为熙宁之急政。吾观范文正之于庆历，亦犹王安石之于熙宁也。……呜呼！使庆历之法尽行，则熙、丰、元祐之法不变；使仲淹之言得用，则安石之口可塞。今仲淹之志不尽行于庆

历，安石之学乃尽用于熙、丰。神宗锐然有志，不遇范仲淹而遇王安石，世道升降之会，治体得失之几，于是乎决矣！(《宋大事记讲义》卷一)

这就是说，宋政之乱源于庆历新政之后熙宁变法的转向，即其转向为汲汲于理财的"急政"。范仲淹和庆历新政不但不能任其咎，恰恰相反，"使庆历之法尽行，则熙、丰、元祐之法不变；使仲淹之言得用，则安石之口可塞"。如果庆历新政不致夭折，恰可以避免宋政之乱。从庆历新政到熙宁变法，"世道升降之会，治体得失之几，于是乎决矣"！此话对于理解宋朝的衰亡和宋学的演变，意味深长，莫等闲视之。

倘若以上见解可以成立，那么王夫之《宋论》之偏可彰，而余英时先生的《朱熹的历史世界》亦有可商之处。余先生把宋代士大夫的政治文化分为三个发展阶段，即："第一阶段的高潮出现在仁宗之世，可称之为建立期"[①]；"第二阶段的结晶是熙宁变法，可称之为定型期"[②]；"第三阶段即朱熹的时代，可称之为转型期……朱熹的时代也就是'后王安石的时代'"[③]。笔者对此三阶段的划分大体无异议，但余先生的三阶段说又与"古文运动、新学与道学的形成"相对应[④]。对于这里的"古文运动"，为避免产生"从现代的观点说，古文运动属于文学史，改革运动属于政治史"[⑤] 的误解，笔者认为第一

①② 余英时：《朱熹的历史世界·自序二》，8页。

③ 余英时：《朱熹的历史世界》，8～9页。

④ 同上书，36页。

⑤ 同上书，45页。

阶段应称为“以范仲淹为代表的庆历新政时期”。庆历新政时期包含“古文运动”的内容，此即范仲淹在《奏上时务书》中首言的“救文弊”①，此书作于天圣三年（公元1025年），比尹洙、欧阳修、石介等投入古文运动“至少要早十年”②。但庆历新政不仅是古文运动，钱穆先生所说的宋学精神之“两端”及其“精神之所寄则在书院”，实都开创于庆历新政。

余先生说：“仁宗庆历、皇祐时期（公元1041—1053年），在范仲淹的精神号召下，儒学开始进入行动取向的阶段”③。既然是“行动取向的阶段”，就不应以“古文运动”概括之。这一阶段还应延至仁宗的嘉祐时期（公元1056—1063年），这样就将程颐早年的《上仁宗皇帝书》以及王安石的《上仁宗皇帝言事书》也包括在内，如此则道学与新学都滥觞于庆历新政就更加显明。

余先生认为，在仁宗庆历、皇祐时期，“儒学是在倡导和酝酿政治秩序重建的阶段，重点偏于‘外王’，尚未深入‘内圣’领域。但在神宗即位（治平四年一月，公元1067年）以后，不但秩序重建已进入全面行动的阶段，而且‘外王’与

---

① 范仲淹说：“臣闻国之文章，应于风化；风化厚薄，见乎文章。……故文章之薄，则为君子之忧；风化其坏，则为来者之资。……况我圣朝千载而会，惜乎不追三代之高，而尚六朝之细。然文章之列，何代无人？盖时之所尚，何能独变？大君有命，孰不风从？可敦谕词臣，兴复古道，更延博雅之士，布于台阁，以救斯文之薄而厚其风化也，天下幸甚。”（《范文正公集》卷七《奏上时务书》）

② 参见漆侠：《宋学的发展和演变》，285页。漆侠先生在此书中说：范仲淹“成为士大夫群中众望所归的领袖人物”（289页）。因此，笔者认为将第一阶段称为“以范仲淹为代表的庆历新政时期”是合适的。

③ 余英时：《朱熹的历史世界》，111页。

‘内圣’必须相辅以行的观念也牢固地建立起来了”[1]。笔者认为此说不确切。余先生在“附论二”《我摧毁了朱熹的价值世界吗?》一文中指出：“胡瑗教学，分立‘经义’与‘治事’两斋，即后来‘内圣’之学与‘外王’之学的先驱。”[2] 笔者同意此说。但余先生认为，胡瑗、孙复、李觏的思想“掀动了王安石和神宗，北宋政治史终于进入一个全新的阶段”[3]，至熙宁变法，儒家重建秩序的要求“从‘坐而言’转到‘起而行’的时期”[4]。此说把庆历时期归于“坐而言”，又把“宋初三先生”和李觏同王安石相联系，而不是把他们与范仲淹相联系，这是不符合历史事实的[5]。

余先生说：“范仲淹应试时胡瑗只有二十五岁，大概还在泰山十年苦学的期间，自然绝无可能有任何影响。”[6] 观此可知，余先生虽然“智者千虑”，但在范仲淹与“宋初三先生”的关系问题上却未免一“失”（此“失”在宋学研究中较为普遍）。按，范仲淹在大中祥符八年（公元 1015 年）中进士，天圣五年（公元 1027 年）执掌南都府学，在此收留孙复，“于是授以《春秋》，而孙生笃学不舍昼夜，行复修谨，公甚爱之”

---

① 余英时：《朱熹的历史世界》，48 页。

② 同上书，880 页。

③ 同上书，302 页。

④ 同上书，409 页。

⑤ 学术界一直流行把李觏与王安石相联系，如侯外庐主编《中国思想通史》第四卷上册，在述王安石的新学之前述其“先驱”李觏的思想，而范仲淹的思想则付之阙如。范仲淹的历史地位一直被“宋初三先生”、王安石等所掩，这是有违历史事实的。参见拙文《“庆历新政与熙宁变法”补说》，载《中州学刊》，2005 (1)。

⑥ 余英时：《朱熹的历史世界》，94 页。

(《范文正公集·年谱》引《东轩笔录》)。一年之后，范仲淹赴京任秘阁校理，孙复“亦辞归”，然后在泰山苦学十年。《宋元学案·安定学案》载：胡瑗“七岁善属文，十三通五经……家贫无以自给，往泰山与孙明复、石守道同学”。这就是说，胡瑗在泰山苦学的期间，是在天圣六年（公元1028年）之后，此时已晚于范仲淹应试时十三年以上。在执掌南都府学时，范仲淹的思想已达到成熟。孙复在泰山苦学期间，与范仲淹有书信往来(《宋元学案·泰山学案》载其《与范天章书》)。笔者认为，在此期间孙复已经把范仲淹的“慎选举，敦教育”等思想传达给了一起同学的胡瑗和石介，而且范仲淹对胡瑗也已经有了较深入的了解，所以他在景祐二年（公元1035年）便聘胡瑗“为苏州教授，诸子从学焉”。同年末，朝廷更定雅乐，诏求知音者，范仲淹推荐胡瑗，“以白衣对崇政殿，授试秘书省校书郎”。范仲淹在陕甘抗击西夏期间，胡瑗也被举荐为丹州军事推官，成为范仲淹幕府中的人物[①]。同期，范仲淹写有《举张问、孙复状》(见《范文正公集》卷十八)。庆历二年(公元1042年)，经范仲淹、富弼的推荐，孙复被授以国子监直讲。庆历三、四年（公元1043、1044年），即在庆历新政推行期间，范仲淹写有《奏为荐胡瑗、李觏充学官》(见《范文正公集·政府奏议》)，当时“天子诏下苏、湖取其法，著为令。于太学召（胡瑗）为诸王宫教授，辞疾不行”(《宋元学案·安定学案》)。此时，石介亦为国子监直讲，作《庆历圣德诗》云：“惟仲淹、弼，一夔一契。……众贤之进，如茅斯拔。

① 参见漆侠：《宋学的发展和演变》，240、289页。

大奸之去，如距斯脱。”（《宋大事记讲义》卷十）观此[1]，“宋初三先生”和李觏都是范仲淹门下的“贤士”，这是确然无疑的。

还须一提的是，欧阳修与范仲淹是一个阵营的“朋党”（两人都不避讳君子可以结为“朋党”[2]）。景祐二年（公元1035年），范仲淹任吏部员外郎，次年与丞相吕夷简发生冲突，被诬以“越职言事，荐引朋党，离间君臣”（《范文正公集·年谱》），遂被贬知饶州。当时欧阳修致书右司谏高若讷，指出：“希文（仲淹）平生刚正，好学通古，今其立朝有本末，天下所共知……今班行中无与比者。”又谴责高若讷身为司谏而不为范仲淹辩诬，却随而诋之，“不复知人间有羞耻事”（《居士外集》卷十七《与高司谏书》）。欧阳修亦因此书而坐罪，被贬为夷陵令。《范文正公集·年谱》载：“自（范）公贬而朋党之论起，朝士牵连，出语及公者，皆指为党人。”庆历元年（公元1041年），范仲淹在陕甘前线写有《举欧阳修充经

---

① 另参《李觏集·年谱》：景祐四年（公元1037年），李觏“乡举不利而往鄱阳访范公”。《范文正公集·年谱》：宝元元年（公元1038年），范仲淹移书李觏，言“今润州初建郡学，可能屈节教授”云云。翌年，范再次移书李觏，延请其到越州讲学。《李觏集·年谱》：康定元年（公元1040年），李觏“往越州赴范高平公招”。皇祐元年（公元1049年），范仲淹上《荐李觏并录进礼论等状》。翌年，李觏“赴范文正公招于杭州，范公再荐于朝”，“旨授将仕郎太学助教”。嘉祐四年（公元1059年），胡瑗在太学以病告假，李觏继之管勾太学，寻请假归迁，八月卒于家。

② 《范文正公集·年谱》：庆历四年（公元1044年），“上与执政论及朋党事，公对曰：方以类聚，物以群分，自古以来邪正在朝，未尝不各为一党，不可禁也，在圣上鉴辨之耳。诚使君子相朋为善，其于国家何害?”欧阳修也在庆历四年所作《朋党论》中说：“臣闻朋党之说，自古有之，惟幸人君辨其君子、小人而已。”（《文忠集》卷十七）

略掌书记状》（见《范文正公集》卷十八）。庆历三年（公元1043年），欧阳修、余靖、蔡襄上疏，言范仲淹“有宰辅才，不宜局在兵府”（《范文正公集·年谱》），于是范仲淹被召回京师，授枢密副使，复除参知政事，乃掀起庆历新政。新政失败后，范仲淹、韩琦、富弼等均被贬退，欧阳修于庆历五年五月上疏，言范、韩、富等“皆是陛下素委任之臣，一旦相继而罢，天下士皆素知其可用之贤，而不闻其可罢之罪。陛下于千官百辟之中，亲选得此数人，一旦罢去，而使群邪相贺于内，四夷相贺于外，此臣所以为陛下惜也”（《范文正公集·年谱补遗》）。欧阳修于此年八月罢龙图阁直学士，贬知滁州，第二年自号“醉翁”（《欧阳文忠公年谱》）。欧阳修与范仲淹相互荐举，共同进退，他两次奋不顾身地为范仲淹辩诬，在范仲淹死后写有《资政殿学士户部侍郎文正范公神道碑铭并序》，两人关系之密切非同一般。尤可注意者，他说范仲淹“立朝有本末，天下所共知……今班行中无与比者”，这正说明范仲淹是当时“士大夫群中众望所归的领袖人物”。

王安石在《策问》中有云：“圣人治世有本末，其施之也有先后。”（《临川文集》卷七十）余英时先生指出，这里的“本末”相当于“体用”，而“体用”即胡瑗教学之法的“明体达用”所言之①。笔者同意此说，但王安石的“本末”思想当更源于范仲淹的“立朝有本末”。在范仲淹的改革思想中，“本末”“源流”的意识非常清楚。如他在《奏上时务书》中批评当时科举对士人之学风和政风的影响：“修辞者不求大才，明

① 余英时：《朱熹的历史世界》，305～306页。

经者不问大旨。师道既废，文风益浇；诏令虽繁，何以戒劝？士无廉让，职此之由。其源未澄，欲波之清，臣未之信也。”在掀起庆历新政的《答手诏条陈十事》中，他更强调：“欲正其末，必端其本；欲清其流，必澄其源。”如前文所述，按范仲淹对“本末”“源流”的看法而衡之，熙宁变法转向为“以理财为方今先急”恰恰是“以浅末为急务”。

余英时先生把胡瑗、孙复的“体用”“本末”思想同王安石相联系，而不是与范仲淹相联系，笔者认为这是一个较严重的失误。在“宋初三先生”苦学于泰山时，他们当已熟知范仲淹的“慎选举，敦教育”思想。胡瑗的“苏、湖之法”即起源于范仲淹聘胡瑗“为苏州教授”，而在庆历新政推行期间，“天子诏下苏、湖取其法，著为令”（《宋元学案·安定学案》）。胡瑗的“苏、湖之法”即是“明体达用之学”，此法或此学是庆历新政所确立的。其重要意义如钱穆先生所说：明体达用之学“正宋儒所以自立其学，以异于进士场屋之声律，与夫山林释老之独善其身而已者也”，“盖自唐以来之所谓学者，非进士场屋之业，则释道山林之趣，至是而始有意于为生民建政教之大本，而先树其体于我躬，必学术明而后人才出，题意深长，非偶然也”①。

胡瑗在嘉祐元年（公元 1056 年）任太子中允、天章阁侍讲，管勾太学。嘉祐二、三年（公元 1057、1058 年）就是程颐和王安石分别向仁宗皇帝上书时。此时，胡瑗的教育事业达到高峰。王安石于此前（皇祐四年，公元 1052 年）称范仲淹

① 钱穆：《中国近三百年学术史》，3 页。

为“一世之师”，此时又称胡瑗为“天下豪杰魁”，并喻为“梁柱”（《临川文集》卷十三《寄赠胡先生》），可见他当时还在庆历新政的精神笼罩下。“是时礼部所得士，先生弟子，十常居四五，随才高下而修饰之。人遇之虽不识，皆知为先生弟子也。”（《宋元学案·安定学案》）胡瑗弟子众多，在熙宁变法时对于王安石是一股很大的牵制力量，故熙宁二年（公元1069年）神宗问：“胡瑗与王安石孰优？”胡瑗高弟刘彝答：“臣师胡瑗以道德仁义教东南诸生，时王安石方在场屋中，修进士业。”这明显是对王安石的轻视。刘彝又说：“今学者明夫圣人体用，以为政教之本，皆臣师之功，非安石比也。”（《宋元学案·安定学案》）这里的“学者”当是指胡瑗教育、影响下的众多士人，而余英时先生认为“当即暗指主持变法的王安石”①。笔者认为这是余先生把刘彝的话误读了。

熙宁九年（公元1076年）五月，王安石在宋神宗面前批评范仲淹“好广名誉，结游士，以为党助，甚坏风俗”（《续资治通鉴长编》卷二七五）。这里的“游士”当首先包括胡瑗在内。此时，王安石已临近罢相（熙宁九年十月），这位“拗相公”把昔日对范仲淹、胡瑗的推崇早已淡忘了。这也从一个侧面说明，熙宁变法的转向是与范仲淹、胡瑗的思想相对立的。

余英时先生说：“胡瑗教学，分立‘经义’与‘治事’两斋，即后来‘内圣’之学与‘外王’之学的先驱。”② 笔者对

① 余英时：《朱熹的历史世界》，304页。余先生所据《五朝名臣言行录》卷十《安定胡先生》，其中无《宋元学案》的“非安石比”四字。

② 同上书，880页。

此很赞同，只不过胡瑗的“明体达用之学”并非“王安石变法的一个重要精神泉源”[①]，而是范仲淹推行庆历新政的一个重要成果。范仲淹在《睢阳学舍书怀》诗中有云：“瓢思颜子心还乐，琴遇钟君恨即销。”（《范文正公集》卷三）此诗可能作于他早年（中进士之前）在南都学舍苦学之时，正体现了他“少有大节，于富贵贫贱，毁誉欢戚，不一动其心，而慨然有志于天下”（《居士集》卷二十《资政殿学士户部侍郎文正范公神道碑铭并序》）。天圣六年（公元1028年），范仲淹执掌南都府学，写有《南京府学生朱从道名述》，其中说：“诚而明之，中而和之……必大成于心，而后可言焉。”（《范文正公集》卷六）如余英时先生所论：“此文全就《中庸》发挥，充分表达了由修身、齐家而建立理想秩序的意识，而且也含有‘内圣’与‘外王’相贯通的观念。”[②] 当康定元年（公元1040年）用兵时，张载“以书谒范仲淹，一见知其远器，乃警之曰：‘儒者自有名教可乐，何事于兵！’因劝读《中庸》”（《宋史·张载传》）。皇祐元年（公元1049年），范仲淹徙知杭州，“子弟以公有退志，乘间请治第洛阳，树园圃，以为逸老之地”，范仲淹说：“人苟有道义之乐，形骸可外，况居室乎！”（《范文正公集·年谱》）以上所引“瓢思颜子心还乐”“名教可乐”“道义之乐”，当是后来周敦颐教导二程的“每令寻颜子、仲尼乐处，所乐何事”（《河南程氏遗书》卷二上）。周敦颐在《通书·志学》中提出：“志伊尹之所志，学颜子之所学。”此即道学家的

---

① 余英时：《朱熹的历史世界》，305页。

② 同上书，89页。

"内圣外王"追求，这种追求当本于范仲淹所云"瓢思颜子心还乐，琴遇钟君恨即销"。

范仲淹在写《南京府学生朱从道名述》时，也就是他收留孙复而"授以《春秋》"时。这说明在仁宗之世的初期，范仲淹已并重《中庸》与《春秋》，其中已"含有'内圣'与'外王'相贯通的观念"。当康定用兵时，范仲淹劝张载"读《中庸》"，此时胡瑗也正在范仲淹的幕府。范仲淹、胡瑗对《中庸》的重视，开启了道学家重视"内圣""心性之学"的方向。嘉祐二年（公元 1057 年），程颐在《上仁宗皇帝书》中说："道必充于己，而后施以及人；是故道非大成，不苟于用。"（《河南程氏文集》卷五）这与范仲淹所云"必大成于心，而后可言焉"（《范文正公集》卷六《南京府学生朱从道名述》）意思相同。胡瑗在太学以"颜子所好何学论"试诸生，这也接续了范仲淹"瓢思颜子心还乐"的脉络。程颐在《颜子所好何学论》中说："颜子所独好者，何也？学以至圣人之道也。……凡学之道，正其心，养其性而已。中正而诚，则圣矣。"（《河南程氏文集》卷八）这应是道学家重视"心性之学"的嚆矢，发此"矢"者乃是在仁宗庆历、嘉祐时期。

以上主要说明三点：（一）在王安石新学之前的阶段，不应以"古文运动"概括之，宋儒"回向三代"的运动并非至熙宁变法才"从'坐而言'转入'起而行'的阶段"[①]；（二）在以范仲淹为代表的庆历新政时期，确立了"明体达用之学"，此为宋儒"内圣"与"外王"相贯通思想的先驱，此阶段并非

① 余英时：《朱熹的历史世界》，312 页。

“重点偏于‘外王’”，“内圣”与“外王”必须相辅以行的观念并非至神宗即位以后才“牢固地建立起来”，王安石并非“宋代最先接上孔、孟旧统的儒者”[①]；（三）熙宁变法并非在胡瑗、孙复“体用”“本末”思想的“精神笼罩之下”[②] 进行的，相反，其转向为“以理财为方今先急”，正是范仲淹所批评的“以浅末为急务”，正因为有此转向，所以“兴利之臣日进，尚德之风浸衰”（《河南程氏文集》卷十一《明道先生行状》），“宋政之乱，自神宗始”（《宋论》卷四《仁宗二》）。

笔者认为，王夫之对“宋政之乱，自神宗始”的判断是可以成立的，但他又归咎于“自仁宗开之”（《宋论》卷四《仁宗二》）则是偏执而苛刻的。余英时先生把熙宁变法称为宋代士大夫政治文化的“结晶”，但对此前庆历新政的历史意义却有所忽略、低估。在庆历新政与熙宁变法的关系问题上，王夫之和余英时先生的观点是不同方向的两“偏”。虽然王夫之、余英时是笔者素来敬重的古今两位思想家，但为范仲淹和庆历新政一辩，不辞对此两“偏”进行批评，亦不得已也。

熙宁三年（公元 1070 年）以后，即均输法、青苗法引发朝臣的政争和党争之后，张载和二程分别退居眉县和洛阳，北宋道学的理论建构在此后七年或十年达到成熟（《张载集》附录吕大临《横渠先生行状》和《程氏遗书》附录《门人朋友叙述并序》）。从政治文化上说，张载和二程在熙宁变法后都把

---

① 余英时：《朱熹的历史世界》，57 页。

② 同上书，310 页。

“格君心之非”作为治道之本。张载说：

> 朝廷以道学、政术为二事，此正自古之可忧者。……设使四海之内皆为己之子，则讲治之术，必不为秦汉之少恩，必不为五伯之假名。……人不足与适，政不足以间，能使吾君爱天下之人如赤子，则治德必日进，人之进者必良士，帝王之道不必改途而成，学与政不殊心而得矣。（《张载集·文集佚存·答范巽之书》）

这里的“人不足与适，政不足以间”，即出自孟子所说：“人不足与适也，政不足间也，惟大人为能格君心之非。”（《孟子·离娄上》）二程说：

> 治道亦有从本而言，亦有从事而言。从本而言，惟从格君心之非，正心以正朝廷，正朝廷以正百官。（《河南程氏遗书》卷十五）
>
> “君仁莫不仁，君义莫不义。”天下之治乱系乎人君仁不仁耳。……夫政事之失，用人之非，知者能更之，直者能谏之。然非心存焉，则一事之失，救而正之，后之失者，将不胜救矣。格其非心，使无不正，非大人其孰能之？（《河南程氏外书》卷六）

二程从强调治道之本是君主的“正志先立”，到明确提出治道之本是“格君心之非”，其间的思想是一贯的，但其微妙的变化却是道学家对于君主自觉的“立志”已感到失望（此不同于程颐在《上仁宗皇帝书》中所说“天下未治者，诚由有仁心而无仁政尔”）。此后，朱熹、陆九渊等都继承了以“格君心之非”为治道之本的思想①。

二程把“格君心之非”作为治道之本，正是针对着熙宁变法的转向之非而言。一方面，君主不能“正志先立”；另一方面，王安石新学又以“财利”来说动“人主心术”，并且带坏了“后生学者”。因此，熙宁变法之后二程把王安石新学视为超过释氏之害的“大患”：

> 在今日，释氏却未消理会，大患者却是介甫之学。……如今日，却要先整顿介甫之学，坏了后生学者。(《河南程氏遗书》卷二上)

> 浮屠之术，最善化诱，故人多向之。然其术所以化众人也，故人亦有向有不向者。如介甫之学，它便只是去人主心术处加功，故今日靡然而同，无有异者，所谓一正君而国定也。此学极有害。以介甫才辩，遽施之学者，谁能出其右？始则且以利而从其说，久而遂安其学。今天下之新法害事处，但只消一日除了便没事。其学化革了人心，为害最甚，其如之何！（《河南程氏遗书》卷二下）

---

① 如朱熹说：“熹常谓天下万事有大根本，而每事之中又各有要切处。所谓大根本者，固无出于人主之心术；而所谓要切处者，则必大本既立，然后可推而见也。”(《朱文公文集》卷二十五《答张敬夫》）又说：“今日之事，第一且是劝得人主收拾身心，保惜精神，常以天下事为念，然后可以讲磨治道，渐次更张。”(《朱文公文集》卷二十九《与赵尚书》）陆九渊说：“古人所以不屑屑于间政适人，而必务有以格君心者，盖君心未格，则一邪黜，一邪登，一弊去，一弊兴，如循环然，何有穷已？及君心既格，则规模趋向有若燕越，邪正是非有若苍素，大明既升，群阴毕伏，是琐琐者，亦何足复污人牙颊哉？”(《陆九渊集》卷十《与李成之》）

道学与新学的对立是熙宁变法之后北宋政治文化的一个基本矛盾。此矛盾也延伸到南宋的政治文化中，虽然张栻、朱熹、陆九渊等对王安石的评价并不完全相同，但他们对熙宁变法的批评是基本一致的。如朱熹在批评王安石用《周礼》为其汲汲于“财利、兵刑”张本时说：

> 彼安石之所谓《周礼》，乃姑取其附于己意者，而借其名高以服众口耳，岂真有意于古者哉？若真有意于古，则格君之本、亲贤之务、养民之政、善俗之方，凡古之所谓当先而宜急者，曷为不少留意，而独于财利、兵刑为汲汲耶？(《朱文公文集》卷七十《读两陈谏议遗墨》)

虽然南宋的道学或理学仍向往着能够“得君行道”，但在对治道的“体用”“本末”看法上，道学与新学的对立仍是一个重要的维度。因此，余英时先生把朱熹的时代称为“后王安石时代”，笔者认为终不免不够恰当。与其称为“后王安石时代”，毋宁称为“后范仲淹时代”，即在庆历新政之后，经过熙宁变法的转向，在这两次“革新政令”的正反作用下，形成了道学或理学的思想体系及其政治文化。道学与庆历时期的“明体达用之学”在对治道的“体用”“本末”看法上是基本一致的，但因经过熙宁变法的转向，二者也有显著的不同。当然，最大的不同是道学建构了理、气、心、性的道体，而“明体达用之学”无之。另外，范仲淹在临终所上的《遗表》中希望宋仁宗“上承天心，下徇人欲”(《范文正公集》卷十六)，这里的“人欲”一词在道学中是被否定的，因经受了熙宁变法的刺激，道学家对于王霸、义利、理欲问题有着更严格的辨别。再如，

“明体达用之学”设经义、治事二斋，“其教人之法，科条纤悉具备”，包括治民、讲武、水利、算数、历法等，而道学家对于这些治事就忽视了，其末流甚至对其予以排斥。“内圣强而外王弱”，对于道学仍是一个合适的判断。当“格君心之非”这个治道的大根本尚有待解决时，道学家又怎能在“外王”方面发挥出“强”的作用呢？

## 三

王夫之对于宋学的评价之所以陷于偏执和苛刻，笔者认为其主要原因在于“抱刘越石之孤愤”①，即他心中的“夷夏之大防”成为《宋论》的主要情结，有此情结则可以置“希张横渠之正学”于不顾，又遑论其他。王夫之说：

> 天下有大贞三：诸夏内而夷狄外也，君子进而小人退也，男位乎外而女位乎内也。（《宋论》卷七《哲宗三》）

---

① 刘越石即刘琨。王夫之《读通鉴论》卷十二《怀帝一》云：“不足以竞而欲相竞，于是乎不得不借夷狄以为强。……拓拔氏之起，刘琨资之也。皆不足以竞，不获已而借之以竞，而晋遂亡。……前有不虑之君，后有不虑之臣，相仍以乱天下，国速亡，夷夏之防永裂。呜呼！将谁咎哉？”同书卷十三《东晋元帝三》：“琨乃以孤立之身，游于豺狼之窟，欲志之伸也，必不可得；即欲以颈血溅刘聪、石勒，报晋之宗社也，抑必不能。是以君子深惜其愚也。”在《宋论》中亦有对刘琨的评论：“刘琨之于聪、勒，陈蕃之于宦寺，不胜而祸不旋踵；小胜而大不胜，终以灾及其身，祸延于国。”由此而引出对元祐诸公的批评：“故君子与其不贞而胜也，宁不胜而必固保其贞。元祐诸公昧此，以成绍圣以后之祸，善类空，国事乱，宗社亦繇以倾，亦惨矣哉！”（《宋论》卷七《哲宗三》）刘琨与元祐诸公都因处置不当而“祸延于国”，乃至“亡天下”，故“抱刘越石之孤愤”，亦可谓“抱元祐诸公之孤愤”。

这里的“大贞三”即《宋论》之准衡，其首要者是“夷夏之大防”。王夫之心中的“孤愤”即：“汉、唐之亡，皆自亡也；宋亡，则举黄帝、尧、舜以来道法相传、人禽纪别之天下而亡之也。”（《宋论》卷十五《恭宗、端宗、祥兴帝二》）显然，这也就是顾炎武所谓：“有亡国，有亡天下。亡国与亡天下奚辨？曰：易姓改号谓之亡国。仁义充塞，而至于率兽食人，人将相食，谓之亡天下。”（《日知录》卷十三《正始》）王夫之虽然没有把亡天下的主要责任归于宋学，但他评价宋学的一个基本准衡就是看它是否有利于宋朝“保天下”。

“大贞三”里面的第二条，即“君子进而小人退”，因服从于首条的“夷夏之大防”，所以在《宋论》中并非绝对的标准。从避免“宋政之乱”考虑，王夫之对关乎君子与小人进退的所谓党争进行了严厉的批评：

> 朋党之兴，始于君子，而终不胜于小人，害乃及于宗社生民，不亡而不息。宋之有此也，盛于熙、丰，交争于元祐、绍圣，而祸烈于徽宗之世，其始则景祐诸公开之也。（《宋论》卷四《仁宗六》）

“景祐诸公”即景祐年间（公元1034—1038年）与吕夷简发生党争的范仲淹等人（《范文正公集·年谱》及《居士集》卷二十《资政殿学士户部侍郎文正范公神道碑铭并序》）。庆历新政推行时亦因整饬吏治而“侥幸者不便”，以致“谤毁浸盛，而朋党之论，滋不可解”，石介就是在这次党争中遭夏竦报复而被诬陷致死，范仲淹、富弼也“恐惧不敢自安于朝，皆请出按西北”，遂使庆历新政夭折（《范文正公集·年谱》及《宋大事记讲义》卷十)。对于景祐、庆历的两次党争，王夫之虽然以范仲淹等人为“君子”，但对“争胜”的双方都持否定的态度：

而范(仲淹)、余(靖)、欧(阳修)、尹(洙)遽群起以去国为高，投滴水于沸油，焰发而莫之遏。然则吕(夷简)、夏(竦)固不足以祸宋，而张逐虎之网，叫呼以争死命于麋兔，何为者邪？天子不慎于听言，而无恒鉴；大臣不自秉国成，而奖浮薄。一彼一此，以气势为荣枯，斯其以为宋之季世而已矣。(《宋论》卷四《仁宗六》)

以仁宗之世为“宋之季世”，比所谓宋政之乱“自仁宗开之”批评得还要严厉。然而，倘若因仁宗之世发生党争便是“宋之季世”，那么从庆历新政发端的整个宋学或宋代士大夫政治文化(此表述是把宋代士大夫政治文化作为宋学的不可分割的一部分)就都在批评之内了①。王夫之说：

宋自仁宗以后，相胜之习愈趋于下，因以相倾，皆言者之气矜为之也。始以君子而求胜乎小人，继以小人而还倾君子，继以君子之徒自起相胜，继以小人之还自相胜而相倾。至于小人之递起相倾，则窃名义以大相反戾，而宗社生民皆其所不恤。乃其所窃之名义，固即前之君子所执以胜小人者也。言何容易哉？(《宋论》卷十三《宁宗五》)

① 余英时先生说：“党争是宋代士大夫政治文化中一个重要的构成部分。”(《朱熹的历史世界》，374页)

这段话概括了北宋和南宋的一系列党争，王夫之都统以“气矜”而给予否定。在王夫之看来，“知善政之不足恃，则非革命之始，无庸创立己法；知恶政之不可久，则虽苛烦之法，自可调之使驯”。“不善之政，未能以久贼天下，而唯以不善故，为君子所争，乃进小人以成其事，则小人乘之以播恶，而其祸乃延。”(《宋论》卷八《徽宗二》) 若依此而论，则宋代士大夫的“回向三代”“秩序重建”都是没有必要的，关键是君子在“恶政”之时不要与小人相争，俾免于延祸。其实，在“恶政”之时所谓党争往往又是诸君子与君主相争的一种形式①。王夫之认为：“上与下交相争者，其国必倾。”(《宋论》卷九《钦宗三》) 因此，他不但对熙宁变法以后的新旧党争持批评态度，而且更认为在北宋将亡的靖康之年，陈东等太学生及市民数万人不应该伏阙上书，“蹩君门而为李纲鸣其不平”(《宋论》卷九《钦宗三》)。他说：

> 君子静天下之人心以靖国者，固有道矣。……已乱者先已其争，争不甚者危不亟，存乎任国事者之有道也。子曰：“君子无所争。”已且不争，况使君与民挟己以为争端乎？(《宋论》卷九《钦宗三》)

显然，“已乱者先已其争”或“君子无所争”，这不是把“君子进而小人退”作为准衡，而是为了“靖国”，避免因党争而引起小人祸延，乃至“亡天下”。

---

① 余英时先生说：“在熙宁变法以前，皇帝是超越于党争之上的；但在神宗与王安石‘共定国是’以后，皇帝事实上已与以宰相为首的执政派联成一党，不复具有超越的地位。”(《朱熹的历史世界》，376页)

“大贞三”里面的第三条，即“男位乎外而女位乎内”，一般来说，这是保障君主权力机制正常运行的一个基本原则。但是，君主制自身固有的弊病又常使这一原则遭到破坏，以致君主权力陷入危机。王夫之说：

> 夫汉、唐女主之祸，有繇来矣。宫闱之宠深，外戚之权重，极重难返之势，不能逆挽于一朝。故虽骨鲠大臣如陈蕃者，不能不假手以行其志。至于宋，而其非伦矣。（《宋论》卷四《仁宗一》）

其实，“女主之祸”在汉、唐两代要远比宋代深重，王夫之之所以说宋代“非伦”，主要是因为宋代不仅有“三世垂帘之陋”，而且它与宋代的党争联系在一起，是宋代的党争之源起，并对其起了推波助澜的作用，并且使元祐诸公“终不胜于小人”。王夫之说：

> 仁宗立，刘后以小有才而垂帘听政，乃至服兖冕以庙见，乱男女之别而辱宗庙。方其始，仁宗已十有四岁，迄刘后之殂，又十年矣。既非幼稚，抑匪暗昏，海内无虞，国有成宪，大臣充位，庶尹多才，恶用牝鸡始知晨暮哉？其后英宗之立，年三十六矣，而曹后挟豢养之恩，持经年之政，盖前之辙迹已深，后之覆车弗恤，其势然也。宣仁以神宗母，越两代而执天下之柄，速除新法，取快人心，尧、舜之称，喧腾今古。而他日者，以挟女主制冲人之口实，授小人以反噬，元祐诸公亦何乐有此？而况母政、子政之说，不伦不典，拂阴阳内外之大经，岂有道者所宜出诸口哉？（《宋论》卷四《仁宗一》）

以上就是仁宗、英宗和哲宗时的“三世垂帘之陋”，并且“激君子、小人相攻不下之势”。而元祐诸公“倒授宰制之权于簪珥，用制同异之见于冲人，以不正而临人使正，不已惽乎！”（《宋论》卷四《仁宗一》）在王夫之看来，元祐诸公以母后制年幼的皇帝，就像刘琨“借夷狄以为强”一样，“不胜而祸不旋踵，小胜而大不胜，终以灾及其身，祸延于国”（《宋论》卷七《哲宗三》）。

在恪守和捍卫“男位乎外而女位乎内”这一“大贞”或“大经”的问题上，王夫之特别表彰了韩琦，说他像伊尹、周公“之所以靖商、周”一样，“三代以还，能此者，唯韩魏公而已”（《宋论》卷五《英宗一》）。这是指英宗时曹太后垂帘听政，帝后两宫不和，韩琦最终说动太后撤帘还政。“（韩琦）且言：‘台谏亦有章疏乞太后还政，未审决取何日撤帘？’太后遽起，琦即厉声命仪銮司撤帘。帘既落，犹于御屏后微见太后衣也。”（《续资治通鉴》卷六十二）王夫之评论说：“韩公一秉道，而革（仁宗、英宗）两朝之弊。”（《宋论》卷四《仁宗一》）“故‘决取何日’之言，如震雷之迅发，而叱殿司以速撤；但以孤忠托先君之灵爽，而不假片言之赞助……臣道之极致也。”（《宋论》卷五《英宗一》）这不仅非同朝的文彦博、富弼可比，而且南宋时“赵汝愚之未能此也，非韩侂胄不足以立功，而事权失矣，虽有朱子，不能善其后也”（《宋论》卷五《英宗一》）。

宋代“韩（琦）范（仲淹）”并称，而王夫之有“扬韩抑范”的倾向①。在《宋论》中，王夫之没有提到，最先反对母后垂帘的恰是范仲淹。天圣七年（公元1029年），仁宗为垂帘听政的刘太后祝寿，率百官朝拜于天安殿。范仲淹上疏云：“天子有事亲之道，无为臣之理；有南面之位，无北面之仪。若奉亲于内，以行家人礼可也。今顾与百官同列，亏君体，损主威，不可为后世法。”疏入，不报。他又奏“请皇太后还政”，亦不报，“遂乞补外”，贬为河中府通判（《范文正公集·年谱》及《居士集》卷二十《资政殿学士户部侍郎文正范公神道碑铭并序》）。范仲淹在仕途中曾经四进四退（其《岳阳楼记》有云“进亦忧，退亦忧”），此为他的第一“退”。

明道二年（公元1033年），刘太后崩，仁宗始亲政。范仲淹被召赴阙，除右司谏。太后有遗诰，以杨太妃为皇太后，参决国事。范仲淹亟上疏言：“太后母号也，未尝因保育而代立者。今一太后崩，又立一太后，天下且疑陛下不可一日无母后之助也。”仁宗准其言，遂罢对杨太妃的册命。是年，范仲淹出使江淮赈灾，“使还，会郭皇后废，（公）率谏官御史伏阁争，不能得，贬知睦州”（《居士集》卷二十《资政殿学士户部侍郎文正范公神道碑铭并序》）。这是范仲淹仕途中的第二“退”。

---

① 参见《宋论》卷四《仁宗九》。与王夫之不同，青年毛泽东在1913年《讲堂录》中记：“有办事之人，有传教之人。前如诸葛武侯范希文，后如孔孟朱陆王阳明等是也。宋韩范并称，清曾左并称。然韩左办事之人也，范曾办事而兼传教之人也。”（《毛泽东早期文稿》，591页，长沙，湖南出版社，1990）“五代纲维横决，风俗之坏极矣，冯道其代表也。宋兴稍一振，然犹未也。逮范文正出，砥砺廉节，民黎始守纲常而戒于不轨。其至也，朱程礼义之士兴，天下风俗，骎骎比隆东汉焉。”（《毛泽东早期文稿》，592页）

仁宗之世的“垂帘之陋”是范仲淹首先加以反对，然后又制止了杨太妃的继续垂帘。“及（刘）太后崩，言事者希旨，多求太后时事，欲深治之。（范）公独以谓太后受托先帝，保佑圣躬，始终十年，未见过失，宜掩其小故而全大德。”（《资政殿学士户部侍郎文正范公神道碑铭并序》）当时的形势有如元祐、绍圣之际，王夫之评论说：

> 而刘后方殂，吕夷简、张耆等大臣之罢者七人，王德用、章德象俱以不阿附故，而受显擢。……王曾幸而免此者，仁宗居心之厚，而范希文以君子之道立心，陈“掩小故以全大德”之言，能持其平也。观于此，而韩、范以外，可谓宋之有大臣乎？（《宋论》卷四《仁宗一》）

这就是说，在刘太后死后，范仲淹制止了一次因帝后不和而引起的党争，以致“其于政事无大变矣”（《宋论》卷四《仁宗一》）。然而，在废郭皇后的问题上，范仲淹与吕夷简却发生了第一次冲突。《宋史·吕夷简传》载：

> 太后崩，帝始亲政事……帝始与夷简谋，以张耆、夏竦皆太后所任用者也，悉罢之，退告郭皇后。后曰：“夷简独不附太后邪？但多机巧、善应变耳。”由是夷简亦罢……岁中而夷简复相。……郭后以怒尚美人，批其颊，误伤帝颈。帝以爪痕示执政大臣，夷简以前罢相故，遂主废后议。……夷简将废后，先敕有司，无得受台谏章奏。于是御史中丞孔道辅、右司谏范仲淹率台谏诣阁门请对，有旨令台谏诣中书，夷简乃贬出道辅等，后遂废。

范、吕的这次冲突，就是景祐三年（公元1036年）范仲淹因献《百官图》而被吕夷简诬以“越职言事，荐引朋党，离间君臣”《范文正公集·年谱》的滥觞。因景祐党争而使范仲淹的仕途有第三“退”，庆历新政的夭折则是其第四“退”。王夫之说景祐、庆历诸公“不自秉国成，而奖浮薄”，将仁宗之世说为“宋之季世”(《宋论》卷四《仁宗六》)，实乃因元祐诸公之失而株连于范仲淹等人。

神宗去世后，年仅十岁的哲宗即位（公元1086年），神宗母宣仁太后垂帘听政，“越两代而执天下之柄”。她“别用一番人”，任命司马光、吕公著为左右仆射（宰相），“凡熙宁以来政事弗便者，次第罢之”(《宋史·后妃传》)。王夫之认为：

> （熙宁、元丰）新法之为民病，甚矣。诸公顺民之欲，急起而改之，不谓其非贞也。即疑于改父之非孝，而奉祖宗之成宪，以正先君之阙失，亦不可谓非孝之贞也。乃改之者，诸公不自任其责，嗣君不与闻其谋，举而仰听于太后。……天子与后敌尊，而母后之贤，不可以制道法。非是者，自丧其贞，而欲以胜物，匪徒小人之反噬有辞也；天所弗佑，祖宗之灵所弗凭依，天下臣民亦怀疑而其情不固。不贞者之不胜，古今之通义，不可违也。(《宋论》卷七《哲宗三》)

这就是说，元祐诸公最大的失误是在亟改熙、丰新法时“举而仰听于太后”，违背了“男位乎外而女位乎内”这个“大贞”，当宣仁太后去世，哲宗亲政后，其被“小人之反噬”是必然的[①]。王夫之又批评元祐诸公“皆与王安石已死之灰争是非，寥寥焉无一实政之见于设施”，“进一人，则曰此熙、丰之所退也；退一人，则曰此熙、丰之所进也；兴一法，则曰此熙、丰之所革也；革一法，则曰此熙、丰之所兴也。……未见其有所谓理也，气而已矣。……是故通哲宗在位十四年中，无一日而不为乱媒，无一日而不为危亡地，不徒绍圣为然矣”（《宋论》卷七《哲宗四》）。这实际上指出了哲宗时酿成以后的徽、钦之祸，元祐与绍圣应该“两分其罪”，此评价不失为公允。

庆历新政以后，经熙宁变法的转向，新旧两党成水火之势：“始以君子而求胜乎小人，继以小人而还倾君子”，此为从熙宁到元丰时期；“继以君子之徒自起相胜”，此为元祐时期旧党不仅排斥新党，而且内部又有洛、蜀、朔三党之争；“继以小人之还自相胜而相倾”（《宋论》卷十三《宁宗五》），此为绍圣以后新党以元祐党案把旧党禁锢，而章惇、蔡京等又“自相胜而相倾”。这是庆历新政以后宋代政治文化的大势。元祐、绍圣时期的母后垂帘，继而哲宗亲政，对新旧党争起了推波助澜的作用，终至君子“不胜于小人，害乃及于宗社生民，不亡而不息”（《宋论》卷四《仁宗六》）。王夫之对于这一历史教训的总结有其深刻之处，但他说：“气一动而不可止，于是吕、范不协于黄扉，洛、蜀、朔党不协于群署，一人茕立于上，百

---

① 余英时先生在《朱熹的历史世界》第五章“‘国是’考”中引蔡絛《铁围山丛谈》卷一所云：“上（哲宗）所以衔诸大臣者，匪独坐变更，后数数与臣僚论昔垂帘事，曰：‘朕只见臀背。’”（《朱熹的历史世界》，262 页）这十分形象地说明元祐诸公对哲宗的冷落，“绍述虽是其（哲宗）本意，亦是激于此也”（《朱子语类》卷一二七）。

尹类从于下，尚恶得谓元祐之犹有君，宋之犹有国也!”（《宋论》卷七《哲宗四》）把对元祐诸公的批评上延到景祐诸公，就又陷于偏执和苛刻了。

王夫之说：

> 国家当创业之始，繇乱而治，则必有所兴革，以为一代之规。其所兴革不足以为规于一代者，则必速亡。非然，则略而不详，因陋而不文，保弱而不竞者，皆有深意存焉。君德、民心、时会之所凑，适可至于是；既至于是，而亦足以持国于不衰。乃传之数世而弊且生矣。弊之所生，皆依法而起，则归咎于法也，不患无辞。其为弊也，吏玩而不理，士靡而亡实，民骄而不均，兵弛而不振；非其破法而行私，抑沿法而巧匿其奸也。（《宋论》卷四《仁宗二》）

上引文从“非然”以下就是王夫之对从宋初到庆历时期形势的判断。他看到了当时诸种之弊“依法而起”，但他认为治理这些弊，只要“任得其人，而法无不可用”；即使这些弊得不到解决，“匹夫匹妇祁寒暑雨之怨咨，猾胥奸民为鼠为雀之啄龁”，也不足以“坏纲纪而伤教化”，“有天下者，无容心焉可矣”（《宋论》卷四《仁宗二》）。这就是说，当时不是“合变的时节”。然而，在仁宗之世，鉴于当时的诸种之弊，“有志者愤之，而求治之情，迫动于上；言治之术，竞起于下。听其言，推其心，皆当时所可厌苦之情事，而厘正之于旦夕，有余快焉。虽然，抑岂必归咎于法而别求治理哉?”（《宋论》卷四《仁宗二》）当时士大夫群体的“回向三代”“秩序重建”“革新政令”，都是“归咎于法而别求治理”，这是宋学与王夫之《宋论》的最根本的冲突。因有此冲突，所以王夫之不仅否定熙宁变法，而且否定庆历新政：“神宗君臣所夜思昼作，聚讼盈廷，飞符遍野，以使下无法守，开章惇、蔡京爚乱以亡之渐者，其风已自仁宗始矣。”（《宋论》卷四《仁宗二》）这种批评构成了对整个宋学或宋代士大夫政治文化的否定。

王夫之之所以陷于如此的偏执和苛刻，之所以认为“有天下者”对于“匹夫匹妇祁寒暑雨之怨咨，猾胥奸民为鼠为雀之啄龁”可以“无容心焉”，正是因为《宋论》之情结是“夷夏之大防”，“诸夏内而夷狄外”是《宋论》之首要的“大贞”。从这个首要的“大贞”来判断，王夫之认为庆历新政和熙宁变法都开启了宋朝的政乱、灭亡之路，这不仅是“亡国”，而且是“亡天下”；与其变法而亡天下，还不如“慎持”“谨守”，“见小害而不激，见小利而不歆，见小才而无取，见小过而无苛”，这样庶几可以衰而不亡，甚至可能因“君德、民心、时会之所凑”，“足以持国于不衰”（《宋论》卷四《仁宗二》）。

王夫之虽然以是否“亡天下”来评判宋学，但没有把“亡天下”的主要责任归于宋学。他认为，宋朝的“私天下”才是其“亡天下”的主要原因。无疑，这是《宋论》思想的最闪光之点。王夫之在《黄书》中说：

> 生民以来未有之祸，秦开之而宋成之也。是故秦私天下而力克举，宋私天下而力自诎。祸速者绝其胄，祸长者绝其维，非独自丧也，亦丧天地分建之极。（《黄书·古仪》）

对于宋朝如何“私天下而力自诎”，王夫之在《宋论》中展开了论述。

宋太祖是通过陈桥兵变而得天下的。王夫之说“宋无积累之仁，无拨乱之绩”，“乃乘如狂之乱卒控扶以起”，这不同于“商、周之德，汉、唐之功，宜为天下君者，皆在未有天下之前”（《宋论》卷一《太祖一》）。宋之所以能有天下，王夫之认为，是因“天之所以曲佑下民，于无可付托之中，而行其权于受命之后”，“当世无商、周、汉、唐之主，而天可行其郑重仁民之德以眷命之，其宜为天下之君也，抑必然矣”（《宋论》卷一《太祖一》）。显然，这里的“天”是取《尚书》中的“民之所欲，天必从之”“天阴骘下民”之意。在经过唐季、五代的兵革战乱、军阀割据之后，民心所向是结束战乱，实现天下的统一。宋太祖之所以能得天下，是因为适应了这样的天心民意。而宋朝的“一统天下”之所以能“垂及百年”，王夫之认为，“唯其惧也”，因为惧怕失掉天下，所以“不敢以兵威劫远人……不敢以诛夷待勋旧……不敢以智慧轻儒素……不敢以苛法督吏民”，“惧以生慎，慎以生俭，俭以生慈，慈以生和，和以生文”（《宋论》卷一《太祖一》）。于是，宋朝不仅“垂及百年”，而且在文化上超越汉、唐。

宋太祖因其“惧”而“不敢以智慧轻儒素”（《宋论》卷一《太祖一》），突出地表现在他的“勒石三戒”。王夫之说：

> 太祖勒石，锁置殿中，使嗣君即位，入而跪读。其戒有三：一、保全柴氏子孙；二、不杀士大夫；三、不加农田之赋。呜呼！若此三者，不谓之盛德也不能。（《宋论》

> 上，亦不敢必其定命之讦谟，廓清九有也。借其摧抑之不深也，则岂但三君子之足任大猷哉？（《宋论》卷十一《孝宗三》）

这里对朱熹、张栻、刘珙三君子有褒有贬，而说其"任重之志不坚"，"终为乱世之余风所窘"，倒也是实际情况。余英时先生在《朱熹的历史世界》中引述朱熹在《与龚参政书》和《答韩尚书书》中所说"误有济时及物之心，然亦竟以气质偏滞，狂简妄发，不能俯仰取容于世"，"加以忧患，心志凋零，久已无复当世之念矣"，"二十年来，自甘退藏，以求己志"，"所愿欲者，不过修身守道，以终余年"，"今若不辞而冒受，则宾主之间，异同之论，必有所不能免者；无益于治，而适所以为群小嘲笑之资"①，这些恰好说明南宋的理学家虽然没有忘却"得君行道"之本怀，但"任重之志不坚"，"终为乱世之余风所窘"。所谓"余风"就是熙宁变法、元祐党案以后摧抑士气的"余风"，故王夫之说："日消月衰，坐待万古之中原沦于异族。追厥祸本，王安石妒才自用之恶，均于率兽食人；非但变法乱纪，虐当世之生民已也。"（《宋论》卷十一《孝宗三》）

关于南宋时期的庆元党禁，王夫之说：

> 以道学为名而杀士，刘德秀、京镗、何澹、胡纮等成之，韩侂胄尸之，而实不自此始也。高宗之世，已有请禁程氏学者。迨及孝宗，谢廓然以程氏与王安石并论，请禁

① 参见余英时：《朱熹的历史世界》，402页。

> 以其说取士。自是而后，浸淫以及于侂胄，乃加以削夺窜殛之法。盖数十年蕴隆必泄之毒，非德秀等突起而遽能然也。(《宋论》卷十三《宁宗二》)

这就是说，庆元党禁不是偶然突发的，而是高宗以来进一步摧抑“士气”的必然结果。如果再寻高宗以前之源头的话，那么，王夫之这一次不是将其归咎于王安石，而是归咎于苏氏兄弟，因为最先称道学为“伪”，“视伊川如安石者，(苏)轼也”(《宋论》卷十三《宁宗二》)。

王夫之虽然对熙宁变法以来对“士气”的摧抑进行了批评，但他对“士气”本身也持批评态度。他说：

> 世降道衰，有士气之说焉。谁为倡之？相率以趋而不知戒。于天下无裨也，于风俗无善也，反激以启祸于士，或死或辱，而辱且甚于死。故以士气鸣者，士之荑稗也，嘉谷以荒矣。……激天下之祸，导风俗之浇，而还以自罹于死辱，斯其为气也，习气而已矣。且夫气者，人各有之，具于当体之中，以听心之所使，而不相为贷。……所谓士气者，合众人之气以为气。呜呼！岂有合众气以为气而得其理者哉？……故气者，用独者也。……乃忧其独之不足以胜，贷于众以袭义而矜其群，是先馁也。于己不足，而资哄然之气以兴，夫岂有九死不回之义哉？以为名高，以为势盛，惟名与势，初无定在，而强有力者得乘权以居胜地。于是死与辱及其身，而益彼之恶，以为天下害，斯岂足为士气之浩然者乎？宋之多有此也，不审者以为士气之昌也，不知其气之已枵也。(《宋论》卷十四《理宗七》)

以上对“士气之说”的批评，构成了对整个宋学或宋代士大夫政治文化的批评。又不止于此，它实乃构成对中国历史上整个“士与中国文化”之关系的否定，因为王夫之又说：

> 战国之士气张，而来嬴政之坑；东汉之士气竞，而致奄人之害；南宋之士气嚣，而召蒙古之辱。……《诗》云：“鸢飞戾天，鱼跃于渊。”各安于其所，而作人之化成。鱼乱于下，鸟乱于上，则网罟兴焉。气机之发，无中止之势，何轻言气哉！（《宋论》卷十四《理宗七》）

以上对“士气”的批评，是王夫之在《宋论》中评价整个宋学或宋代士大夫政治文化的一个总纲，也是其思想的局限性和偏执性的最大所在。他虽然把宋朝“亡天下”的主要原因归于宋朝君相的“私天下”，但又认为宋朝“亡天下”是士大夫之“气嚣”而有以召之，因为“鱼”（士大夫）乱于下，所以“鸟（君权）乱于上，则网罟兴焉”，于是死与辱及士大夫之身，而“益彼之恶，以为天下害”。因为以此立论，所以王夫之就对仁宗之世的“议论始兴”及其以后宋学的发展都进行批评。

王夫之认为：“气者，用独者也。”（《宋论》卷十四《理宗七》）这就是说，士大夫之“气”只能个体单独地面对君权，在社会政治中发挥作用，这样才是以志率气、符合于“理”的“浩然之气”。而“所谓士气者，合众人之气以为气……乃忧其独之不足以胜，贷于众以袭义而矜其群……于己不足，而资哄然之气以兴”（《宋论》卷十四《理宗七》），这就不是“浩然之气”，而只是“习气”；恃此“习气”而与君相争是非，那就“鱼乱于下，而鸟乱于上，则网罟兴焉”，不仅“反激以取祸于士”，而且“召蒙古之辱”，终致“亡天下”。

王夫之此论包含着对宋代士大夫政治文化之历史教训的总结，但此论又带有很大的历史局限性，特别是因“抱刘越石之孤愤”，这种“夷夏之大防”的情结使其对士阶层与君主权力之关系的评判陷入偏执和错误。

余英时先生说，“宋代的‘士’不但以文化主体自居，而且也发展了高度的政治主体的意识”①，他们“以天下为己任”，提出与君主“共治天下”的主张。显然，如果士阶层不仅是“文化主体”，而且成为“政治主体”，那就不是士之“用独”所能承担的，他们必须是一个集体的“阶层”，并且代表“农、工、商”的利益②，这样才能参与到与君主“共治天下”的政治结构中，并且要求君主施行“仁政”（所谓“回向三代”），避免君主“私天下”而带来的种种弊病。这正是宋代士大夫政治文化的核心精神，也是宋代文化超越汉、唐的主要所在。而王夫之以“士气”“习气”之说对此进行批评，这就构成了对整个宋学或宋代士大夫政治文化的否定。

王夫之主张士人单独地面对君主权力，这样就应恪守两个原则：一是士大夫不能结为群体（“朋党”）来“议论”朝政；

---

① 余英时：《朱熹的历史世界·总序》，3页。

② 关于“士”与“农、工、商”的关系，参见范仲淹的《四民诗》（《范文正公集》卷一）。在此诗中，范仲淹对农、工、商在当时所受的压迫和所处的窘境，给予了深深的理解和同情。他所希望的是进行改革：“琴瑟愿更张，使我歌良辰。”并且提出君主应该“以德为先”，以仁义忠孝、贤能功绩为标准而授予“士”之爵禄，使其与君主“共理天下”。他批评三代以后“此道日以疏，善恶何茫然”，“学者忽其本，仕者浮于职。节义为空言，功名思苟得。天下无所劝，赏罚几乎息”。在当时佛老激扬、儒门淡薄的情况下，他发出复兴儒学的呼声：“大道岂复兴，此弊何时抑？”

二是士大夫个人应恪守“大贞”，审酌“时宜”，谨守“出处进退之道”。关于第一点，王夫之说：

> 伊尹之训曰：“咸有一德。”一者，慎择于先而谨司之于后也。王心载宁，而纲纪定，法守专，廷有亲臣，野无横议，天下永绥，外侮不得而乘焉。呜呼！三代以下，能以此言治者鲜矣，宜其举四海而沦胥之也。（《宋论》卷四《仁宗十二》）

从这里又可以看出王夫之的“夷夏之大防”。然而，因为“外侮不得而乘”，就应该“野无横议”吗？在这一点上，王夫之不及其同时代的顾炎武。后者在《日知录》卷十九“直言”条引张载说：“民吾同胞。今日之民，吾与达而在上位者之所共也。救民以事，此达而在上位者之责也；救民以言，此亦穷而在下位者之责也。”又引孔子说：“天下有道，则庶人不议。”顾炎武于此处下一转语：“然则政教风俗苟非尽善，即许庶人之议矣。”与王夫之所谓“东汉之士气竞，而致奄人之害”不同，顾炎武在《日知录》卷十三“两汉风俗”条谓东汉末年，“朝政昏浊，国事日非，而党锢之流、独行之辈，依仁蹈义，风雨如晦，鸡鸣不已，三代以下风俗之美，无尚于东京者”。又在同卷“清议”条说：“天下风俗最坏之地，清议尚存，犹足以维持一二。至于清议亡，而干戈至矣。”将王、顾二人之论对较，则王论之偏，不言自明①。

---

① 在改革秦以后的“私天下”、主张“寓封建之意于郡县之中”这一点上，顾、王二人相同。参见《亭林文集》卷一《郡县论》，王夫之《黄书·古仪》《宰制》。

关于第二点，王夫之对儒者的“出处进退之道”标之甚高。他说：

浮屠氏以生死为大事。生死者，一屈一伸之数，天之化，人无得而与焉，知命者不立乎岩墙之下而可矣，恶足以当大事哉？君子之大事，在仕与隐。仕隐者，君子之生死也。……持之以大贞而存其义，酌之以时宜而知其几。……不轻以身试天下，不轻以天下试其身。终身守之，俄倾决之，皆存乎一心。故曰仕隐者，君子之生死也。（《宋论》卷十四《理宗四》）

这段话也是《宋论》中的闪光之点。如余英时先生在提到朱熹、张栻、吕祖谦三人往返信札中关于“出处”的讨论时所说：“士的‘出处’问题自先秦以后论者寥寥，直到宋代才再度受到这样普遍而集中的注意。这在中国士大夫史上是必须大书特书的。”① 将士的“出处”问题看得比“生死”还重要，在中国士大夫史上可能只有王夫之将其提到儒者之“终极关怀”的高度。不过，王夫之在这里仍强调了“仕与隐”应该是君子个人的事，而不像余英时先生那样将其视为士阶层的“政治主体意识的显现”②。王夫之说：

方仕而隐，伸而必屈也，而唯已自屈，物不能屈焉。方隐而仕，伸其所屈也，而唯已自伸，物不能伸也。（《宋论》卷十四《理宗四》）

---

① 余英时：《朱熹的历史世界》，9页。

② 同上书，210页。

这里的“唯己自屈”“唯己自伸”即表明“仕与隐”应该是君子个人之“用独”，而不应是“合众人之气以为气”（《宋论》卷十四《理宗七》）。在王夫之看来，景祐党争时“范（仲淹）、余（靖）、欧（阳修）、尹（洙）遽群起以去国为高”（《宋论》卷四《仁宗六》）就不符合“唯己自屈”的原则。道学家重视“出处进退之道”，笔者认为最突出地表现在元祐二年（公元1087年）程颐被罢崇政殿说书后他连上三道《乞归田里状》（其第三状云：“道合则从，不合则去，儒者进退之大节”），又上两道《乞致仕状》（其第二状云：“臣身传至学，心存事道，不得行于时，尚当行于己；不见信于今，尚期信于后。安肯失礼害义，以自毁于后世乎”），元祐七年（公元1092年）他又上《再辞免表》（有云：“惟今日冒死，为陛下陈儒者进退之道，为臣去就之义”），元祐九年（公元1094年）哲宗亲政后他又上两道《辞免状》（有云：“臣诚微贱，然臣之言，本诸圣贤之言；臣之进退，守儒者进退之道。”以上见《河南程氏文集》卷六）。王夫之在《宋论》中未及于此，但对于程颐在元祐元年（公元1086年）任崇政殿说书则颇有微词：“尹和靖疑伊川之易就”，“伊川贬，而尹和靖、张思叔诸学者皆罹伪学之禁。韩侂胄之恶，自此倡之。则非祸中于国家，而且害延于学术矣”（《宋论》卷八《徽宗一》）。这里顺便也包含了对朱熹在绍熙五年（公元1194年）担任焕章阁侍讲的批评①。此中原因也不外乎有二：一是涉及母后垂帘，二是涉及

① 王夫之对朱熹与韩侂胄因“争殡宫”而交恶亦有批评，参见《宋论》卷十三《宁宗四》。

党争之“士气”。

当南宋到了光宗、宁宗、理宗时，朝政已经残败不堪。光宗、宁宗竞相“不孝”，这使得“孝宗的晚年部署”[1] 完全落空，而且君主之“德”堕落到如此地步，道学家的治世“大根本”更成为一厢情愿。光、宁之际，“赵忠定（汝愚）不行定策之赏，致韩侂胄、赵彦逾之怨，窜死湖湘，国乃危乱”（《宋论》卷十三《宁宗一》）。这说的是庆元党禁，朱熹蒙其难，被诬为“伪学之魁”。理宗时庆元党禁得到平反，周、程、张、朱之盛逐渐得到朝廷的褒扬，而开以后理学成为元、明、清三代官学正统的先河。王夫之对此评论说：

> 自史弥远矫韩侂胄之奸，解道学之禁，褒崇儒先，而请谥、请赠、请封、请录子孙、请授山长，有请必得，迄于蒙古渡江，旦夕垂亡之日而不辍，儒者之荣也。呜呼！以此为荣，而教衰行薄，使后世以儒为膻，而儒为天下贱，胥此启之也。（《宋论》卷十四《理宗二》）

做出如此的评价，当然有“激而言之”的成分，但大致也是事实[2]。宋代士大夫政治文化也大致就此画了句号。当然，真正的宋学精神亦如钱穆先生所说，“其风至明末之东林而始竭”[3]。但东林惨祸更甚于两宋的党禁，“一堂师友，冷风热血，洗涤乾坤”（《明儒学案·东林学案》）。王夫之所说的“士

① 余英时：《朱熹的历史世界》第十章。

② 类似的说法，如明儒丘濬在《世史正纲》中说：“理宗之崇尚理学，亦好其名尔，非真有其实也。”（《宋宰辅编年录校补·续录》卷十二）清儒全祖望说：“嘉定而后，阳崇之而阴摧之，而儒术亦渐衰矣。”（《宋元学案·序录》）

③ 钱穆：《中国近三百年学术史》，7页。

气”，也正是东林党人所发扬者，至东林诸君子罹难，则“士气已竭”①。

对于从北宋兴起、至明末终竭的延续六百年之久的士大夫政治文化，应该给予何种评价，从中吸取何种教训，这的确是理学研究、宋学研究、中国政治史和文化史研究的一个大问题。这一政治文化是不成功的，已经史成定论，亦如余英时先生所说：“‘内圣外王’一旦应用到全面政治革新的层次，便必然会落在‘得君行道’的格局之内。全面失败是无可避免的结局。”② 然而，笔者也很同意余先生所说，“天下有道”是儒家的“最终极的关怀”③，“秩序重建”是“儒家真血脉之所在”④。因此，这一政治文化虽然在历史上不成功，但儒家的“终极关怀”必须坚持，其“真血脉”必须传承，这一政治文化必须有一历史的“转型”。

明亡以后，王夫之的《宋论》和黄宗羲的《明夷待访录》对于宋、明的士大夫政治文化分别做了不同的反思。王夫之说：

> 君子之道，行则以治邦国，不行则以教子弟。以治邦国，则受天位而治天职；以教子弟，则尽人道以正人伦。

---

① 明天启初年，东林党人黄尊素（黄宗羲之父）任御史，参劾魏忠贤阉党不遗余力，并上《士气已竭》疏（见《罪惟录》卷十三下）。天启六年（公元1626年），黄尊素受酷刑，惨死于狱中。

② 余英时：《朱熹的历史世界》，917页。

③ 同上书，887页。余先生在书中还说：“儒家只有此一人间世界，他们的精神世界也依之而立，绝不容人人皆证涅槃，陷此世于‘人空道废’之境。”（141页）笔者对此论更深表赞同。

④ 同上书，922页。

> 其尤重者，莫大于义利之分。……老子之学，流而为神仙，其说妖，其术鄙，非得势不行也。……浮屠之学，流入中国，其说纤，其术悖，非得势不行也。……奈之何为君子儒者，一出登朝，急陈其所师者推为教主，请于衰世之庸君奸相，徼一命以为辉光，与缁黄争美利，而得不谓之辱人贱行乎？（《宋论》卷十四《理宗二》）

这段话深含历史的教训：宋代的"士气"大多是与"庸君奸相"争是非，其失败是必然的；宋理宗以后，理学被朝廷所利用，官学正统的地位虽然对理学的发展有利，但它悖于儒家的义利之分。而王夫之从中得出的结论就是：君子之"用独""无所争"，儒学不要像释老之学那样"非得势不行也"（这里的"势"是指君主的权势，按释老之学也并非必须"得势"才能行，但东晋时道安也确曾说过"今遭凶年，不依国主，则法事难举"，见《世说新语·赏誉篇》注引），它应该走"行则以治邦国，不行则以教子弟"的两行道路，当"世衰道微"时，儒者个人应谨守"出处进退之道"，不要结为群体以与"庸君奸相"争是非。王夫之的这个结论包含着很合理的成分，即他创发了所谓走"民间儒学"之路的先声；但笔者认为终未免消极，因为相对于儒家的政治理念（《尚书》所描述的二帝三王是其"理想国"）而言，现实的政治多少都有些"世衰道微"，如果儒者个人安于"隐"而"教子弟"，那就未免涣散士阶层的政治主体意识，其于儒家"天下有道"的终极关怀、"秩序重建"的真血脉亦未免有所失落。

与王夫之不同，黄宗羲对于明末的东林惨祸有着切身的、刻骨的感受，他是东林党人的后代，也是东林遗志的继承者，从而也可说是宋代士大夫政治文化的间接继承者。东林党人的失败，也同宋代士大夫政治文化的失败一样，是矜其“士气”而与“庸君奸相”（以及阉党）争是非。当时，朝廷与士人清流的是非观点正相反对，此即顾宪成所说：“外人所是，庙堂必以为非；外人所非，庙堂必以为是。”（《顾端文公年谱》）因为定夺是非的权力在于“庙堂”①，所以东林党人与“庙堂”争是非，其失败是必然的，争之愈烈，祸之愈惨，亦如王夫之所说，君子“终不胜于小人，害乃及于宗社生民，不亡而不息”②。黄宗羲“怅亡宋之哭声……悲天运之复丁”（《黄梨洲文集·避地赋》），也就是说他反思、吸取了宋、明两代的历史教训，从而在《明夷待访录》中为中国的政治文化创立了一个新的起点。

本篇不能对《明夷待访录》的思想展开论述，现只引其中《学校》篇所云：

> 三代以下，天下之是非一出于朝廷。天子荣之，则群趋以为是；天子辱之，则群擿以为非。……于是学校变而为书院。有所非也，则朝廷必以为是而荣之；有所是也，

---

① 如余英时先生所说：“理学家虽然以政治主体的‘共治者’自待，但毕竟仍旧接受了‘君以制命为职’的大原则。”（《朱熹的历史世界》，455页）其引《朱子语类》卷一〇四《自论为学工夫》：“先生多有不可为之叹。汉卿曰：‘前年侍坐，闻先生云：“天下无不可为之事，兵随将转，将逐符行。”今乃谓不可为。’曰：‘便是这符不在自家手里。’”（《朱熹的历史世界》，456页）

② 《明史·赵用贤传》亦云：赵用贤遭罢免，高攀龙等上疏论救，皆被贬谪，“自是朋党论益炽……言事者益裁量执政，执政日与枝拄，水火薄射，讫于明亡”。

> 则朝廷必以为非而辱之。伪学之禁，书院之毁，必欲以朝廷之权与之争胜。……其始也，学校与朝廷无与；其继也，朝廷与学校相反。不特不能养士，且至于害士，犹然循其名而立之何与？

这段话浸含着东林党人的血泪，也是对宋代以来士大夫政治文化的深刻反思和总结。“伪学之禁，书院之毁，必欲以朝廷之权与之争胜”，这种情况王夫之也深有所见，但黄宗羲从中得出的结论不像王夫之那样消极。他说：

> 必使治天下之具皆出于学校，而后设学校之意始备。……天子之所是未必是，天子之所非未必非，天子亦遂不敢自为非是，而公其非是于学校。

这就是说，要把定夺是非的权力从朝廷转移到学校[①]，如果学校有了这样的权力，“天子亦遂不敢自为非是”。这里的“不敢”二字很重要，包含着要以权力制约权力的思想。吾故曰：黄宗羲的思想是从民本走向民主的开端[②]。戊戌变法时期，《明夷待访录》被梁启超、谭嗣同等“节钞印数万本，秘密散布，于晚清思想之骤变，极有力焉”[③]，它在当时“实为刺激青年最有力之兴奋剂”[④]。五四运动时期，“新青年”高举民主与科学的旗帜，看似与中国传统文化断裂，实质上也正符

---

① 《明夷待访录》作于清康熙元、二年（公元1662—1663年），早于洛克的《政府论》近三十年，早于卢梭的《社会契约论》一百年。其所云“学校”包含公共议政机构的意思，说其为中国初始的议会思想并不为过。

② 参见拙文《中国的民本与民主》，载《孔子研究》，1997（4）。

③ 梁启超：《清代学术概论》，18页，北京，东方出版社，1996。

④ 梁启超：《中国近三百年学术史》，47页。

合中国文化自身发展的逻辑①。

在民主的政治体制下，没有了君主的权势，儒学的官学正统地位当然不复存在。因而，王夫之已先发的“民间儒学”可适逢其运。现代社会已经改变了中国传统的“四民”社会结构，因而，除了“士”（知识分子）阶层外，农、工、商等阶层也应成为政治主体。士大夫与君主“共治天下”是失败了，而知识分子与农、工、商等阶层“共治天下”正是可行、当行的道路。

现代社会需要新的“外王”，而儒者个人“安身立命”的“内圣”也应恪守。只不过“内圣外王”不再落在“得君行道”的格局内，而是落在民主的政治体制中。笔者与当代新儒家所不同者主要有两点：一是认为儒家哲学并不主张“两层存有”（所谓“一心开二门”），而是只有一个“人间世界”或“生活世界”，如余英时先生所说，“他们的精神世界也依之而立”②，因此，儒家的“内圣”与“外王”都必须随着“生活世界”的发展而做调整、损益或转型，“内圣”亦应是“圣之时者”。二是“新外王”不能从“内圣”开出，而是要从总结历史的经验教训、符合社会发展的需要而开出。

最后，接续本篇开头的引言，王夫之的“孤秦、陋宋”之说主要是针对秦以后的“私天下”（君主集权），在“私天下”的格局内，宋代士大夫政治文化失败了，而王夫之“抱刘越石

---

① 参见拙文《明代的两大儒与五四时期的德赛二先生》，载《传统文化与现代化》，1997（5）。

② 余英时：《朱熹的历史世界》，141页。

之孤愤”，对其做了偏执而苛刻的批评。笔者承认宋代文化（包括宋学）超越汉、唐，但宋代士大夫政治文化失败的历史教训必须吸取，必须改变“私天下”的政治格局，必须从儒家传统的民本思想走向民主。从这个意义上说，宋代文化的复兴“非大反孤秦、陋宋之为不得延”。

**图书在版编目（CIP）数据**

范仲淹与宋学精神/李存山著. —北京：中国人民大学出版社，2019.7
（中国哲学新思丛书/梁涛主编）
ISBN 978-7-300-27082-1

Ⅰ. ①范… Ⅱ. ①李… Ⅲ. ①范仲淹（989—1052）-思想评论②理学-研究-中国-宋代 Ⅳ. ①K827＝441②B244.05

中国版本图书馆 CIP 数据核字（2019）第 138933 号

中国哲学新思丛书
梁涛　主编
**范仲淹与宋学精神**
李存山　著
Fan Zhongyan yu Songxue Jingshen

| | | | |
|---|---|---|---|
| **出版发行** | 中国人民大学出版社 | | |
| **社　　址** | 北京中关村大街 31 号 | **邮政编码** | 100080 |
| **电　　话** | 010－62511242（总编室） | | 010－62511770（质管部） |
| | 010－82501766（邮购部） | | 010－62514148（门市部） |
| | 010－62515195（发行公司） | | 010－62515275（盗版举报） |
| **网　　址** | http://www.crup.com.cn | | |
| **经　　销** | 新华书店 | | |
| **印　　刷** | 北京联兴盛业印刷股份有限公司 | | |
| **规　　格** | 148 mm×210 mm　32 开本 | **版　　次** | 2019 年 7 月第 1 版 |
| **印　　张** | 6.375 插页 2 | **印　　次** | 2019 年 7 月第 1 次印刷 |
| **字　　数** | 128 000 | **定　　价** | 39.80 元 |